幼儿园环境创设与玩教具制作

刘 思 刘晓妍 李翠华 主 编
陈 岚 李修齐 徐梦婷 副主编

清華大学出版社
北 京

内 容 简 介

“幼儿园环境创设与玩教具制作”课程是学前教育专业一门重要的专业课程。本书全面系统地阐述了六个项目：认识幼儿园环境创设、幼儿园主题墙饰创设、幼儿园各领域活动区的环境创设、幼儿园主题活动的环境创设、幼儿园公共环境创设以及幼儿园玩教具制作。

本书是“校—企—生”共建教材，在教材项目章节中落实党的二十大精神，同时对接“1+X”幼儿照护中幼儿园区域活动创设内容，推进“1”和“X”的有机衔接。本书还将幼儿园教师资格证中与“幼儿园环境创设”相关的试题列举出来，并从专业的角度给出答案。此外，在编写思路、结构设计、内容安排等方面，体现“以学生为中心，以就业为导向”的发展特点。

本书可以作为学前教育类相关专业的中职、高职及成人高等院校学生的教材和教学参考书，也可以作为从事学前教育的人员或幼儿园教师的参考读物。

图书在版编目(CIP)数据

幼儿园环境创设与玩教具制作 / 刘思，刘晓妍，李翠华主编 . —北京：清华大学出版社，2023.9（2024.7 重印）

ISBN 978-7-302-64586-3

Ⅰ . ①幼…　Ⅱ . ①刘… ②刘… ③李…　Ⅲ . ①幼儿园－环境设计－教材②幼儿园－自制教具－教材③幼儿园－自制玩具－教材　Ⅳ . ① G617 ② G614

中国国家版本馆 CIP 数据核字 (2023) 第 176214 号

责任编辑：刘远菁
封面设计：常雪影
版式设计：方加青
责任校对：马遥遥
责任印制：宋　林

出版发行：清华大学出版社
网　　址：https://www.tup.com.cn, https://www.wqxuetang.com
地　　址：北京清华大学学研大厦 A 座　　**邮　　编：**100084
社 总 机：010-83470000　　**邮　　购：**010-62786544
投稿与读者服务：010-62776969，c-service@tup.tsinghua.edu.cn
质 量 反 馈：010-62772015，zhiliang@tup.tsinghua.edu.cn
课 件 下 载：https://www.tup.com.cn, 010-83470410
印 装 者：三河市龙大印装有限公司
经　　销：全国新华书店
开　　本：185mm×260mm　　**印　　张：**12.75　　**字　　数：**271 千字
版　　次：2023 年 9 月第 1 版　　**印　　次：**2024 年 7 月第 2 次印刷
定　　价：59.00 元

产品编号：099769-01

PREFACE

前言

近几年来，随着学前教育事业的深入发展及学前教育理论的不断更新与完善，幼儿教育越来越受到全社会的关注，幼儿教育事业也随之蓬勃发展起来，人们对学前教育的认识和理解也不断趋于科学化。随着幼儿园管理的逐步规范，以及教育、教学的精细化、特色化，越来越多的幼儿园管理者及教师开始认识到环境对幼儿发展的重要性，明确了环境是幼儿园教育的重要资源，因此，为幼儿创设一个适合他们成长的环境，已成为幼儿园教育工作者的重要任务。

《3～6岁儿童学习与发展指南》提出，“要珍视游戏和生活的独特价值，创设丰富的教育环境，合理安排一日生活，最大限度地支持和满足幼儿通过直接感知、实际操作和亲身体验获取经验的需要”，让幼儿“度过快乐而有意义的童年”。由此可见，幼儿园环境创设是幼儿教师专业发展的重要内容，是幼儿发展的重要支持条件。从幼儿、教师的发展到幼儿园的生存与发展，关键要素在于教师；教师要做好幼儿园的环境创设，就必须具备相关的理论知识与实践经验，以及将理论知识与实践经验相结合的能力。本教材是在综合分析幼儿教师职业能力、幼儿教师岗位能力结构、幼儿教师资格证考试和“1+X”幼儿照护证书考试现状的基础上，结合职业院校学前教育专业学生职业发展的现实需要而编写的，符合大中专院校培养应用型、创新型人才的目标。教材系统描述了六个项目，分别为认识幼儿园环境创设、幼儿园主题墙饰创设、幼儿园各领域活动区的环境创设、幼儿园主题活动的环境创设、幼儿园公共环境创设、幼儿园玩教具制作。本教材在项目任务中落实党的二十大精神，充分发挥教材铸魂育人的功能，为培养德智体美劳全面发展的社会主义建设者和接班人奠定坚实基础。每个项目都设计了相应的技能考核点、导向明确的考核方案以及多样化的考核内容。此外，结合学前教育专业学生通过教师资格证考试的需求，本教材将幼儿园教师资格证中与“幼儿园环境创设”相关的试题列举出来，并从专业的角度给出答案。

本教材是学前教育专业用书，在编写思路、结构设计、内容安排等方面，体现“以学生为中心，以就业为导向”的发展特点。本书是“校—企—生”共建教材，江西广播教育集团参与了教材的编写。教师与企业授课讲师不断研讨、共享资源，以真实工作环境和任务为依托，精心设计课程案例，用职业岗位要求引领知识技能和学习态度，探索和实践校企合作，进行教材开发，力求体现理论的适度性、实践的指导性、应用的职业性和内容的实用性，充分体现职业院校与企业在人才培养过程中的深度融合。同时，教材对接“1+X”幼儿照护证书考试中涉及幼儿园区域活动创设的内容，尝试将幼儿照护证书标准有机融入课程教学目标、内容、组织与评价中。本教材旨在减轻学生课业负担，提高学生的就业本领和实践技能，推进“1”和“X”的有机衔接。

本教材可帮助学生了解幼儿园环境创设工作的主要内容，充分认识幼儿园环境创设的意义，理解环境创设与幼儿园课程的关系，深刻认识环境创设对幼儿园发展的重要意义，树立正确的学前教育观；也可帮助学生掌握幼儿园各类环境创设的要点，使学生能根据各年龄段幼儿的特点创设适宜的教育环境，并能合理利用各种材料设计并制作玩教具。

《幼儿园环境创设与玩教具制作》教材的编写特别需要广泛的资料积累，李偲婧、王蓓、余苗三位教师为幼儿园主题墙饰创设、幼儿园各领域活动区的环境创设、幼儿园主题活动的环境创设、幼儿园玩教具制作等项目提供了实践案例，并参与部分编写工作，在此谨向三位教师表示衷心的感谢。本教材的教学内容体系有待实践检验，不足之处在所难免，敬请专家、同行及广大读者予以指正。反馈邮箱：wkservice@vip.163.com。

为更好地服务读者，本书附赠配套课程 PPT 课件，读者扫描下方二维码并填写相关验证信息即可下载。

编者

2023 年 2 月

C O N T E N T S

目录

项目1　认识幼儿园环境创设　· 001 ·

任务1.1　认识幼儿园环境　· 003 ·

任务1.2　了解幼儿园环境创设的基本理论　· 009 ·

任务1.3　幼儿园室内外环境的创设　· 023 ·

任务1.4　幼儿园环境基本创设技能实训　· 033 ·

模拟实训1：幼儿园玩沙区设计的比较与分析　· 033 ·

模拟实训2：幼儿园吊饰设计　· 034 ·

【幼儿教资考点聚焦】　· 036 ·

【往年教资真题再现】　· 037 ·

项目2　幼儿园主题墙饰创设　· 038 ·

任务2.1　幼儿园墙饰创设概述　· 040 ·

任务2.2　幼儿园墙饰创设的基本要素　· 050 ·

任务2.3　幼儿园墙饰基本创设技能实训　· 057 ·

模拟实训1：平面剪贴墙饰的创设　· 058 ·

模拟实训2：半立体造型剪贴墙饰的创设　· 060 ·

模拟实训3：综合材料造型墙饰的创设　· 062 ·

模拟实训4：互动性墙饰的创设　· 065 ·

【幼儿教资考点聚焦】　· 068 ·

【往年教资真题再现】 · 069 ·

项目3 幼儿园各领域活动区的环境创设 · 070 ·

任务3.1 健康领域的环境创设 · 071 ·
任务3.2 语言领域的环境创设 · 082 ·
任务3.3 社会领域的环境创设 · 092 ·
任务3.4 科学领域的环境创设 · 101 ·
任务3.5 艺术领域的环境创设 · 114 ·
任务3.6 幼儿园各领域活动区的环境创设技能实训 · 124 ·
模拟实训1：角色游戏区环境的创设 · 124 ·
模拟实训2：自然角环境的创设 · 125 ·
模拟实训3：阅读区环境的创设 · 126 ·
模拟实训4：建构区环境的创设 · 128 ·
模拟实训5：美工区环境的创设 · 129 ·
【幼儿教资考点聚焦】 · 131 ·
【往年教资真题再现】 · 132 ·

项目4 幼儿园主题活动的环境创设 · 134 ·

任务4.1 幼儿园主题活动概述 · 135 ·
任务4.2 幼儿园主题活动环境创设的基本特性 · 139 ·
任务4.3 幼儿园主题活动中环境创设的跟进 · 140 ·
任务4.4 幼儿园主题活动环境创设技能实训 · 145 ·
【幼儿教资考点聚焦】 · 147 ·
【往年教资真题再现】 · 148 ·

项目5 幼儿园公共环境创设 · 151 ·

任务5.1 幼儿园公共环境的概述 · 152 ·

任务5.2　幼儿园公共环境的创设与规划　·153·
任务5.3　幼儿园公共环境创设技能实训　·161·
模拟实训1：评析幼儿园公共区域环境创设实例　·161·
模拟实训2：幼儿园公共区域环境考察　·162·
【幼儿教资考点聚焦】　·163·
【往年教资真题再现】　·164·

项目6　幼儿园玩教具制作　·165·

任务6.1　幼儿园玩教具制作概述　·166·
任务6.2　纸材料玩教具制作　·173·
任务6.3　泥材料玩教具制作　·175·
任务6.4　布材料玩教具制作　·178·
任务6.5　废旧材料玩教具制作　·180·
任务6.6　自然材料玩教具制作　·184·
任务6.7　幼儿园玩教具制作技能实训　·187·
模拟实训1：小班玩教具制作　·187·
模拟实训2：中班玩教具制作　·188·
模拟实训3：大班玩教具制作　·189·
【幼儿教资考点聚焦】　·191·
【往年教资真题再现】　·192·

参考文献　·196·

项目1 认识幼儿园环境创设

幼儿园环境创设导读

【引言】

幼儿园环境是儿童所接触的，能给他以刺激的一切物质。

——陈鹤琴

创设丰富的教育环境，合理安排一日生活，最大限度地支持和满足幼儿通过直接感知、实际操作和亲身体验获取经验的需要。

——中华人民共和国教育部，《3～6岁儿童学习与发展指南》

在幼儿园的教育活动中，环境作为一种“隐形课程”，在开发幼儿智力、促进幼儿个性发展方面发挥着越来越重要的作用，是幼儿园的第三位老师。瑞士心理学家皮亚杰说：“儿童的认识发展要在其不断地与环境的交互作用中获得。”《3～6岁儿童学习与发展指南》指出：“幼儿教育教材应注重过程，应与幼儿生活经验相贴近，能符合幼儿的兴趣，满足每个不同幼儿的合理需要。”幼儿园作为专门性的教育机构，是幼儿学习、生活的重要场所。幼儿园环境创设不仅是幼儿园整体教育的有机组成部分，更是实现教育目标的重要途径。

【学习目标】

知识目标：

了解幼儿园环境的含义、分类以及环境创设对幼儿发展的重要意义，明确教师在幼儿园环境创设中的作用。

理解幼儿园环境创设的主要理论观点，初步树立正确的环境创设观。

掌握幼儿园环境创设的理论依据及基本原则，能够结合案例尝试进行实践运用。

能力目标：

能对幼儿园环境创设实例进行评析。

能制订幼儿园环境创设方案。

会设计、制作幼儿园家园联系信息栏。

素质目标：

通过对幼儿园环境创设理论的学习，提高自身的理论基础，对幼儿园环境创设产生兴趣和热情，从而意识到自己是幼儿学习的支持者、合作者、引导者，逐步形成高尚、美好的“师德”风范，热爱学前教育事业。

【模块流程】

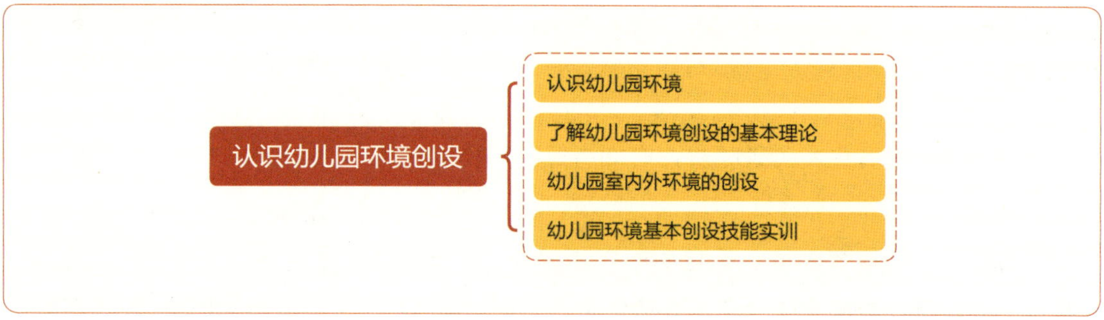

【案例导入】①

孟子很小的时候，父亲就去世了，孟母依靠纺织麻布来维持艰难的生活。孟子非常聪明，看见什么就能学什么，而且模仿能力特别强。

起初孟子家在墓地附近，每隔几天，就会有送葬的队伍吹着喇叭经过他家门口。好奇的孟子就跟着送葬的队伍学着吹喇叭，引得一群孩子跟在他后面跑着玩儿，大家一起玩送葬的游戏。孟母非常重视孟子的教育问题，看到孟子整天吹喇叭、玩送葬游戏，就赶紧把家搬到了城里，住在屠宰场的旁边。搬到城里后，孟子每天都到屠宰场去看杀猪，那些屠夫杀猪时手脚利落，十分熟练。孟子看在眼里，记在心上。没过多久，他竟然能帮着屠夫杀猪了。孟母非常着急，又把家搬到了学堂附近。于是，每天早晨，孟子都跑到学堂外面，摇头晃脑地跟着学生们一起读书，并且变得守秩序、懂礼貌。当时，孔子的孙子正在这里当老师，他见孟子学什么都很快，而且记忆力特别好，因此非常喜欢他，还让他免费进学堂读书。后来，孟子果然没有辜负孟母的期望，成为战国时期的思想家和儒家学派主要代表人物。

【问题】

孟母为什么要三迁？

---

① 资料来源：https://baike.baidu.com/item/%E5%AD%9F%E6%AF%8D%E4%B8%89%E8%BF%81/826039?fr=aladdin。

任务1.1 认识幼儿园环境

幼儿园是促进幼儿身心发展的重要场所之一，环境创设是幼儿园教育最重要的课程资源。重视幼儿园环境的创设，积极开发和利用环境因素，让幼儿在与环境的互动中自主发展，这是当今整个中国幼儿教育改革的大趋势。《幼儿园教育指导纲要》(下面简称《纲要》)高度重视幼儿园的环境创设，《纲要》指出，“环境是重要的教育资源，应通过环境的创设和利用，有效促进幼儿的发展”，“幼儿园应为幼儿提供健康、丰富的生活和活动环境，满足他们多方面发展的需求，使他们在快乐的童年生活中获得有益于身心发展的经验”。

如何创设有利于幼儿健康、全面发展的环境，是所有幼教工作者都要认真思考的问题，这不仅在专业理念维度要求教师“重视环境和游戏对幼儿发展的独特作用，创设富有教育意义的环境氛围，将游戏作为幼儿的主要活动”，更在专业能力维度将“环境的创设与利用”列为幼儿园教师一项重要的专业能力。

幼儿园环境所涵盖的内容非常多，不仅包括幼儿园外在的美化装饰，还包括幼儿园的全体工作人员、幼儿、各种物质器材、人事环境以及各种信息要素。幼儿园环境是幼儿园教育资源和课程内容的重要来源，并且能够影响幼儿的身心发展。

1.1.1 幼儿园环境的概念

1. 环境

环境是指人生活于其中，并能影响人的一切外部条件的总和。这个外部条件的总和，既包括人们在社会生活中的各种条件和社会关系的总和，也包括人类赖以生存的自然条件的总和，即人们常说的自然环境(见图1-1-1)、社会环境、生活环境、文化环境等。环境在个体发展中发挥着至关重要的作用，我国古代对此有精辟的论述，例如，“近朱者赤，近墨者黑”强调了环境对人的影响和感染作用；又如，“孟母三迁”的故事说明了培养人才要重视对环境的选择。古代教育家颜之推认为，环境是通过潜移默化的方式对儿童产生影响的，而且这种影响是持久的。

图 1-1-1 自然环境

2. 幼儿园环境

相对于一般环境而言，幼儿园环境是一种特殊的环境，它有广义和狭义之分。广义的幼儿园环境是指幼儿园教育赖以进行的一切条件的总和，它既包括幼儿园内部的小环境，也包括与幼儿园教育有关的家庭、社会、自然和文化等大环境。狭义的幼儿园环境是指在幼儿园中对幼儿身心发展产生影响的一切物质与精神要素的总和，它是涵盖幼儿园的全体工作人员、幼儿，幼儿园设施设备、空间布局，以及各种信息要素，并通过一定的教育制度与观念以及文化传统所组织、综合的一种动态的、有形与无形相结合的教育空间氛围。图1-1-2展示了四川雅安大坪乡幼儿园。本教材侧重探讨狭义的幼儿园环境。

图 1-1-2　四川雅安大坪乡幼儿园

1.1.2　幼儿园环境的分类

1. 按存在形式分类

根据存在形式，幼儿园环境可分为： 室内环境，包括教室、走廊、活动室等；室外环境，包括操场、园门、门厅等。

2. 按侧重的功能分类

根据侧重的功能，幼儿园环境可分为：保育环境，包括餐厅、睡眠室、盥洗室等；教育环境，包括活动室、游戏区等。

3. 按活动内容分类

根据活动内容，幼儿园环境可分为：生活活动环境，包括睡眠室、盥洗室等；游戏活动环境，包括室内外游戏场地；学习活动环境，包括活动室和各功能教室。

4. 按三维空间分类

根据三维空间，幼儿园环境可分为地面环境、墙面环境、空中环境(如吊饰、悬挂物等)。

5. 按组成性质分类

根据组成性质，幼儿园环境可分为物质环境和精神环境。

物质环境是指幼儿园内影响幼儿身心发展的物化形态的教育条件，主要指幼儿园内的一些硬件条件、设施等，如园舍建筑、活动场所(见图1-1-3、图1-1-4)、环境空间布置、玩教具材料、图书等有形可见的东西。幼儿的认识活动主要依靠感觉、表象和动作进行，幼儿主要通过“触摸”“看”“听”来认识环境，因此物质环境永远是幼儿园教育环境先决性的载体。良好的物质环境能陶冶性情，激发幼儿的好奇心，鼓励其探索行为，使幼儿在操作各种材料的过程中学习知识，获得各种社会行为，实现个体的发展。

图 1-1-3　种植区

图 1-1-4　户外篮球场

精神环境是指幼儿园的心理氛围，范围很广，涵盖影响教职工和幼儿精神状态的一切因素。它包括幼儿园在一定时期内形成的大众心理、文化、集体氛围、人际关系等，是由园内许多无形的社会、心理因素构成的复杂环境系统。创设精神环境主要指创设良好的人际环境，以及形成良好的一般日常规则与行为标准，即创建园所文化，涉及教师与幼儿之间的关系、幼儿同伴间的关系及教师与教师之间的关系等(见图1-1-5)。在心理环境的创设中，建立良好的师幼关系和帮助幼儿建立良好的同伴关系都是十分重要的。精神环境对人具有广泛性、潜移默化性、持久性影响，特别是对正处在身心发展过程中的幼儿来说，精神环境的影响是潜在而深刻的。

图 1-1-5　人际环境

物质环境和精神环境并不是孤立地对幼儿起作用的。首先，物质环境既然是人工的，其本身就有多层含义，而精神环境必定要通过人与物来体现，因而不可能独立存在。其次，物质环境与精神环境有着密切的相互依赖关系。例如，物质材料不够时会引起幼儿的争吵，过多时又会使幼儿烦躁或对幼儿的刺激度下降。又如，如果没有良好的班级氛围，再好的材料也不能发挥它应有的效应。物质环境需要通过精神环境才能发挥作用，而精神环境又必须有物质环境的基础才能体现出来。因此，物质环境和精神环境两者之间的关系是相互作用、相互制约、相互影响的。

1.1.3　幼儿园环境的教育作用

陈鹤琴先生认为，有怎样的环境，就能得到怎样的刺激，得到怎样的印象，并且教育上的环境，在教育的过程中，起着一定的作用。由此可见，环境对幼儿的身心发展具有重要作用。

1. 促进幼儿认知的发展

幼儿的认知是在与周围环境相互作用的过程中不断发展的。幼儿园环境作为幼儿发展的一种刺激条件，可以有目的地塑造幼儿的某些行为习惯。一旦幼儿园环境创设具有明确的指向性，就可以影响或促进幼儿特定方面的发展。例如，在区域活动中，教师通过富有童趣的卡通标志或图画确立游戏规则(见图1-1-6)，让小朋友进入活动区按照规则进行游玩，结束后按照游戏规则放置好物品，显然，在这种情况下，环境就能替代教师的指导语，成为行为习惯的提示。同时，教师可以将幼儿的学习内容或成果(见图1-1-7)展示在幼儿园的走廊、教室，或在环境中创设问题情境，通过环境来激发幼儿的兴趣，呈现学习内容，延伸学习活动，从而发挥其教育功能。

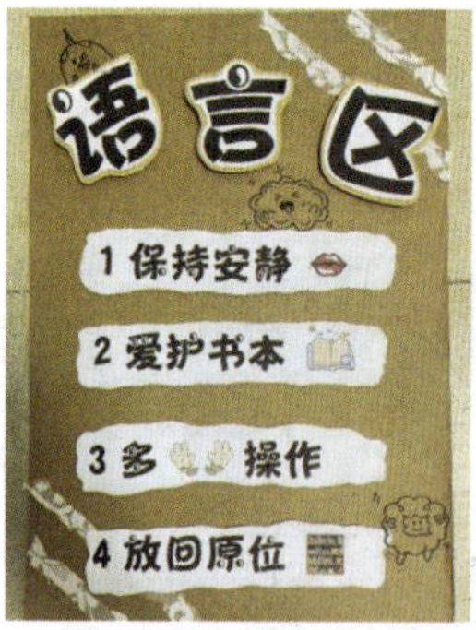

图 1-1-6　游戏规则

图 1-1-7　幼儿作品

为宣传、贯彻党的二十大精神，《人民日报》刊文指出，推动建设人类卫生健康共同体，强调人民生命安全和身体健康是人类发展进步的前提，坚定信心、同舟共济是战胜新冠疫情的唯一正确道路，倡导各国相互支持，加强防疫措施协调，完善全球公共卫生治理，形成应对疫情的强大国际合力，弥补国际“免疫鸿沟”，共同守护人类生命健康。基于此，为了给幼儿宣传防疫知识，在园开展“预防新冠病毒”主题活动，让幼儿通过看看、讲讲、编儿歌等各种有趣的活动(见图1-1-8、图1-1-9)知道预防新冠病毒的重要性。通过活动，幼儿可以了解新冠病毒的传播途径，知道相关的病毒预防知识，学会保护自己，建立讲卫生的良好习惯，积极行动，为自己和他人的健康尽一份力！

图 1-1-8 疫点疫滴

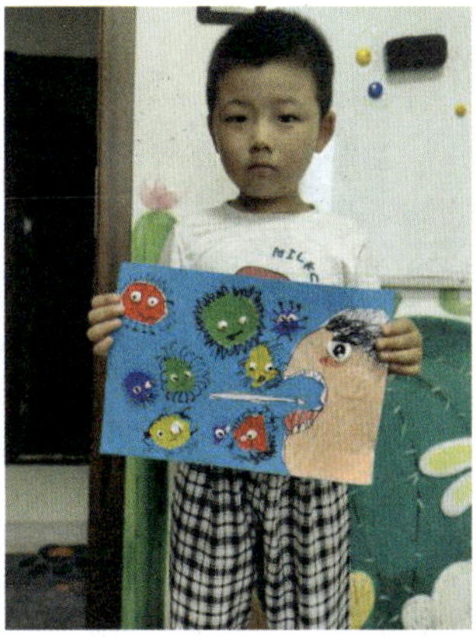

图 1-1-9 幼儿防疫主题作品

2. 促进幼儿社会性的发展

幼儿与幼儿、幼儿与教师、幼儿与物体之间的交流少不了环境的支持与介入。幼儿环境的诸多方面，如环境布置的内容及其营造的氛围、活动空间的安排及活动材料的投放等，会通过影响幼儿在交往过程中的情绪状态、交往对象的数量等来影响幼儿社会性的发展。例如，幼儿合作搭积木游戏(见图1-1-10)，在有限的时间里，幼儿共同完成积木作品。幼儿在操作的过程中学会分享拼搭经验，小小的积木不仅能促使孩子积极思考，锻炼手的肌肉和手指的灵活性，还能让幼儿感受到同伴之间合作的重要性。

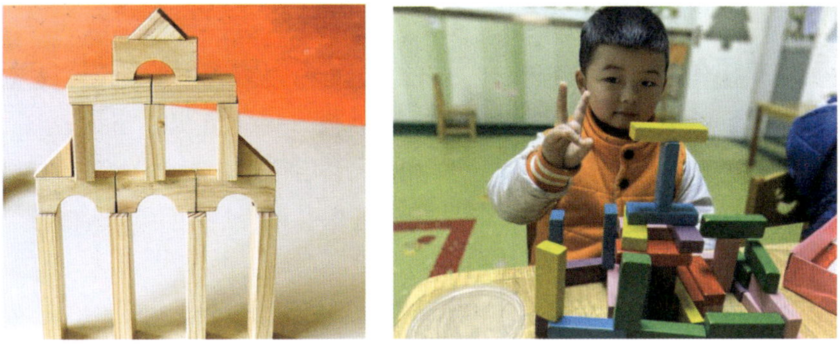

图 1-1-10 拼搭积木

另外，幼儿在与教师、同伴和家长共同创设环境的过程中，与同伴进行交流、合作，表达自己在遇到困难、疑问时的沮丧、郁闷以及完成任务后的喜悦等，可在这一过程中渐渐地了解人际交往的规范和技巧，进而逐步适应社会生活。例如，为引导幼儿进一步体验劳动的快乐，使其懂得尊重劳动者、珍惜劳动成果、增强社会责任感，开展“劳动最光荣，美德我传承”主题活动，帮助幼儿体验劳动的乐趣，提高动手能力，养成爱劳动的好习惯。通过种植区“劳作”、职业体验、畅画未来职业等丰富多彩的活动(见图1-1-11、图1-1-12)，引导幼儿体验劳动的快乐，萌发对劳动人民的感恩和敬意，懂得珍惜劳动成果，激发幼儿主动参与劳动的热情，提升自理、担当的意识和能力。

图 1-1-11　包饺子

图 1-1-12　给植物浇水

又如，开展“社会主义核心价值观”主题活动(见图1-1-13)。社会主义核心价值观植根于中华文化沃土，熔铸于我们党领导人民长期奋斗的伟大实践，是社会主义先进文化的精髓。在幼儿园，我们需要为幼儿提供良好的环境，让他们建立正确的价值观。因此，融入社会主义核心价值观独具重要意义。

图 1-1-13　“社会主义核心价值观”主题活动

在活动中，首先，宣传社会主义核心价值观。利用信息化教学资源，在课堂上为幼儿讲授关于社会主义核心价值观的基本知识，让幼儿理解该价值观的历史渊源、目的及对现实社会的意义，从而使其形成正确的价值取向。

其次，增强幼儿体验式教学。在应用这些价值观时，采用有趣的体验式教学，让幼儿们参与到游戏中，使他们认识到在日常生活中应该服从长辈、尊重他人、发挥个人潜能、履行义务，从而使其更好地接受社会主义核心价值观，并融入社会中。

再次，社会实践与实践部署。在实践中，幼儿可以进入社会，很好地感受到社会的多样性以及实现社会和谐的重要性。幼儿园还可以为小朋友安排一些社会活动，以提高他们的责任感和团结协作能力，并配合一定的规范，辅以小组活动，倡导和谐、友好之风。

总而言之，融入社会主义核心价值观可以使幼儿从小就树立社会和谐、人类共同发展的观念，从而更好地适应未来社会，健康成长。

3. 促进幼儿审美的发展

爱美是人的天性，如果我们使幼儿一进入园内就置身于整洁、优美的环境中，使其得到一种美的享受，这对于培养幼儿健康的审美观、理智感和道德感等都有很大的益处。

众所周知，幼儿的审美观具有明显的直观性，他们必须依赖自己看到的、听到的和接触到的直观事物，而视觉留给幼儿的更多的是心灵的归属感、亲切感、舒适感和喜悦感。因此，我们应该尝试通过创设富有审美情趣的环境来提高幼儿的审美能力。例如，在走廊墙壁上挂一些教师的手工作品、幼儿的美术作品或在教室里贴一些由师生共同制作的手工作品(见图1-1-14)，力求做到内容与形式的统一，创造出具有意蕴的形式美，使幼儿在无声的教育环境中接受美的熏陶，获得美的感受，提高美的鉴赏能力。

图 1-1-14　环境创设一角

任务1.2　了解幼儿园环境创设的基本理论

1.2.1　幼儿园环境创设

幼儿园环境创设是指教育工作者依据幼儿园教育的要求和幼儿身心发展规律的需要，充分挖掘和利用幼儿生活环境中的教育因素，创设幼儿与环境相互作用的活动情景。它能将环境因素转化为教育因素，促进幼儿的身心发展。幼儿园环境创设应有目的、有计划地将德、智、体、美全面发展的教育目标寓于环境创设之中。

幼儿园环境创设是幼儿园工作的基本要务，它既是每一位幼儿教师必备的一项基本能力，也是所有学前教育工作者应尽的责任和义务。

幼儿园环境创设主要包括幼儿园墙饰环境创设、幼儿园区域环境创设、幼儿园主题环境的创设、幼儿园活动区环境的创设、幼儿园玩教具设计与制作等(见图1-2-1～图1-2-4)。3～6岁的幼儿不像成人那样对环境具有较强的选择、适应、改造等能力，因此创设一个科学的幼儿园教育环境尤为必要。

图 1-2-1 走廊环境创设

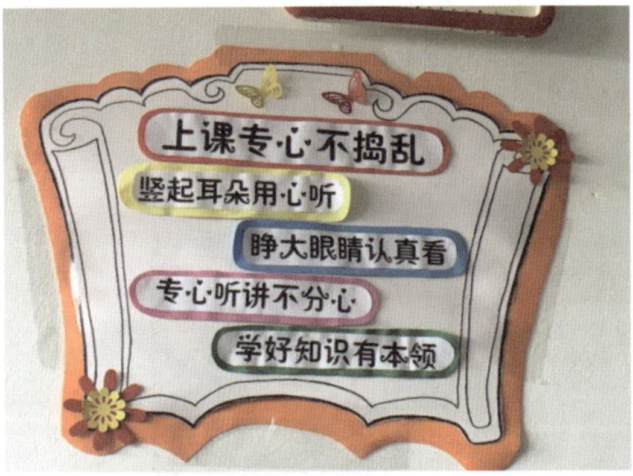

图 1-2-2 幼儿园提示语环境创设

图 1-2-3 走廊环境创设

图 1-2-4 楼梯环境创设

1.2.2 幼儿园环境创设的原则

幼儿的身心发展具有一定的顺序性和阶段性，并且具有极大的可塑性，因此创设幼儿园空间环境时要遵循以下基本原则。

1. 安全性原则

这里的安全是指幼儿身体、心理及社会性发展等方面处于没有安全隐患的舒适状态。安全性原则主要是指幼儿园的园舍建筑、设施、活动场地、玩教具等有形的物质条件必须符合国家颁布的相关卫生标准和安全标准，对幼儿的身体或心理没有危险和安全隐患，并且不会造成幼儿畸形发展。安全的幼儿园环境是幼儿健康发展的必备条件，只有安全的环境才能保障幼儿的生命健康，才能让幼儿获得自由、快乐的发展。具体来说，由于幼儿安全意识不强，缺乏自我保护能力，因此在环境创设中，教师应把各种设施、材料、玩具和器材都放在适当的位置，坚决清除一切安全隐患。幼儿园的各种玩具材料都要符合国家安全标准，杜绝类似“毒玩具”和“毒跑道”等的出现，同时确保这些玩具材料不易破碎，没有锐边利角，尽可能保证幼儿不被划伤。幼儿园的园舍建筑必须牢固、安全，使用的各种建材也必须经久耐用，以达到防风、防震、防火、防水的目的。除城市内因用地面积缺乏而不得已建筑楼房外，其他用地条件相对充裕的地区应以建筑平房为原则。此外，各种建筑物的墙壁、地面(见图1-2-5)、楼梯、台阶、门窗及其他设备(见图1-2-6)均应达到相应的安全标准，防止对幼儿造成意外伤害。每所幼儿园还必须有专人负责场地、设施(见图1-2-7、图1-2-8)的检查与维修，做到防患于未然。

图 1-2-5　地面软垫

图 1-2-6　吊饰

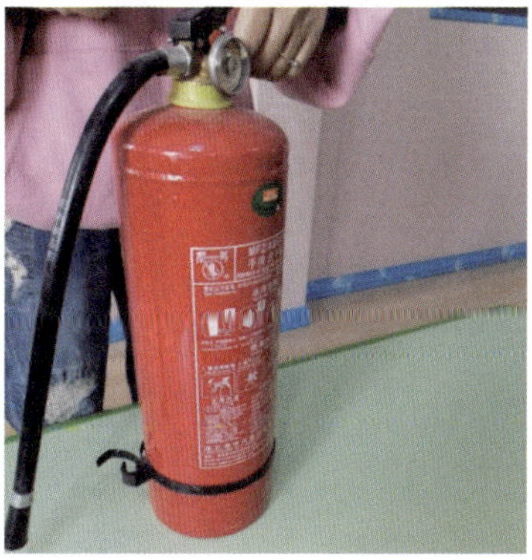

图 1-2-7　灭火器

图 1-2-8　安全提示语

2. 童趣性原则

童趣性原则是指在环境设计的过程中，各种墙饰和悬挂物都要符合幼儿的审美情趣，无论是造型，还是色彩的搭配，都要体现童趣性特征。幼儿是幼儿园的主体，幼儿园的空间环境应是幼儿喜爱的、符合幼儿活动需要的环境。幼儿园环境创设人员要了解幼儿的身心发展特征，理解他们的审美需求，选取适合他们视觉感受并能引起他们欣赏兴趣的造型和色彩搭配，以及环境氛围。例如，对于室内外的陈设和装饰品，应尽量选取幼儿喜欢的动植物或者人物的形象进行艺术处理，然后将其呈现出来。在处理时，应力求使其充满趣味、奇特、夸张、有生命力。墙饰的色彩要鲜艳明丽，吸引幼儿的注意力。环境创设的内容应贴近幼儿的日常生活，活泼有趣，能唤起幼儿认识、了解的欲望，并能使幼儿在此基础上进行各种有意想象和无意想象，切忌脱离实际，枯燥无味。例如，幼儿园如厕区童趣化设计，把厕所设计成小火车造型(见图1-2-9)，把家园联系栏设置成米奇卡通造型(见图1-2-10)，在墙面上描绘儿童喜欢的中国传统经典故事哪吒闹海(见图1-2-11)，充满童趣。

图 1-2-9　小火车厕所

图 1-2-10　米奇家园共育

图 1-2-11　哪吒闹海

3. 独特性原则

独特性原则主要指不同地区、不同幼儿园应结合本地、本园的特点，创设出有自己特色的空间环境，不能生搬硬套别人的做法，而应考虑到不同区域、不同幼儿园经济条件与自然条件的差异，充分挖掘和利用各种自然资源和现有材料，充分利用各个地区独有的人文特产和景观，因地制宜地美化幼儿园的环境空间。尽管每所幼儿园的设施及班级的活动室都有或多或少的特别之处，每所幼儿园还是应该尽力打造自己的特色，形成自己的品位。例如，乐成四合院幼儿园(见图1-2-12)这所老北京风幼儿园，将优雅的现代建筑与传统的清代四合院巧妙相连，创造出一种绚丽又实用、古典又现代的融合之美，展现多层次的城市历史和谐并存的场景。

图 1-2-12　乐成四合院幼儿园

云南童话风幼儿园——棒棒糖理想园(见图1-2-13)与其他幼儿园最大的不同在于，设计中所有的灵感均来自孩子的艺术世界，最突出的特点是外在造型上的设计，它以“钥匙”为载体，主体以棒棒糖为造型，就像小朋友的画作，加入更多顺其自然与童真的幻想。设计团队将闽南福建哈尼族蘑菇屋的建筑结构保留下来，将传统文化元素与现代建筑相融合，植入当地特色艺术。

图 1-2-13　棒棒糖理想园

4. 丰富适宜性原则

幼儿是通过见到的一切来认识这个世界的。幼儿园环境创设应丰富多彩，提供足够的、合理的、方便幼儿获取丰富信息的、适宜幼儿身心发展水平并具有多重教育价值的环境条件，满足幼儿对世界探究的心理需求。

为了贯彻丰富适宜性原则，应做到以下几点。

1) 环境类型应丰富适宜

幼儿园室外、室内活动场地多样化。例如，室外环境应有适合幼儿活动的平整的硬化场地、软质场地(如草地、塑胶地等，见图1-2-14)、绿化区、玩具区、沙池(见图1-2-15)或种植区等，提供各种游戏活动设施，如滑梯、秋千、跷跷板、攀爬架、平衡木等，支持幼儿体能锻炼和游戏活动；室内环境的设计应尽可能合理规划，配合各个教育主题的开展，布置各式各样的活动区，如图书区、美工区、益智区、角色扮演区等，支持幼儿在区域活动中自主探索学习。

图 1-2-14　软质场地

图 1-2-15　沙地

2) 环境材料应丰富适宜

(1) 活动材料数量应充足，投放适宜。材料有限的情况下，可考虑将幼儿分成小组进行游戏。小班、中班和大班活动材料(见图1-2-16)应有所区分，可以按照幼儿的年龄接受程度进行投放。

(2) 材料应丰富。塑料瓶、纸袋、毛线、废旧材料……这些生活中常见的旧物(见图1-2-17)经过构思和设计都可以变成精美的手工艺品。幼儿在对材料的操作过程中能体验乐趣，陶冶情操。

图 1-2-16　材料分类

图 1-2-17　美工材料

3) 环境创设要符合幼儿的个性特点

每个幼儿都是一个独立的个体，在动机需要、兴趣爱好、学习方式、能力水平和性格特点等方面都存在巨大的差异，所以环境创设应尽量体现个性化。在考虑幼儿整体年龄特征的同时，兼顾幼儿的个性特点。例如，在环境布置中应为不同年龄段的幼儿准备难度不同的操作材料。又如，不同幼儿在学习方式上表现出较大的差异，有的幼儿喜欢独立思考并寻求问题的答案，而有的幼儿喜欢和教师或者其他小朋友一起讨论，共同探索答案。有的幼儿语言表达能力发展得比较快，有的幼儿肢体协调性比较好……因此，教师在环境创设的过程中，要把幼儿的这些特点都考虑进去，才能为幼儿创设与其发展相适应的“最近发展区”。例如，小班幼儿手部肌肉力量不发达，无法做特别精细的动作，所以在小班可以投放些简单的撕纸材料(见图1-2-18)，大班则投放泥工材料(见图1-2-19)，来满足幼儿的需求。

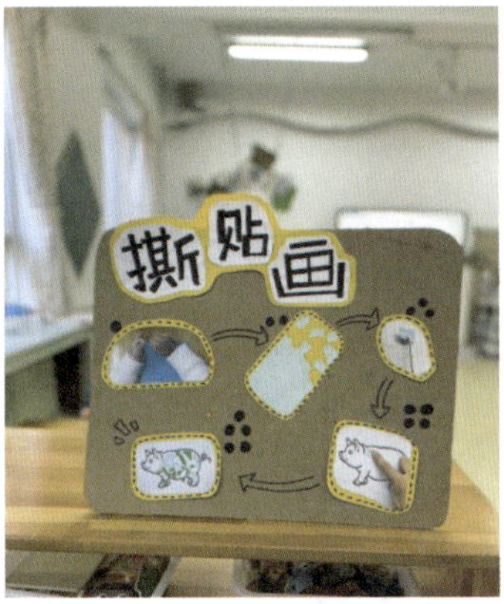

图 1-2-18　小班撕纸画

图 1-2-19　大班泥工

5. 启发性原则

一个具有启发性的环境能始终吸引着幼儿，激发他们的想象力和创造力，从而使幼儿成为环境的主人。由于理解能力的限制，幼儿往往缺乏对事物进行综合分析和推理的能力。因此，任何空洞抽象的口号宣传、理论说教都不能让幼儿实现真正的内化，而只有通过润物细无声的熏陶，以及运用具体实验并配合启发性原则的教育，才能使幼儿在看、听、摸、做的过程中建构知识，形成某些观念。例如，在土豆种植活动(见图1-2-20)过程中，让幼儿感受植物的生长变化并体验自己动手的乐趣和成功的喜悦，还可让幼儿进行跟踪、观察和记录，促使幼儿关注科学探究的过程和事物的变化，培养幼儿求实、严谨、条理、细致的科学态度。又如，在实验“颜色变变变”(见图1-2-21)中，让幼儿尝试混色，自己动手尝试，感受色彩变化，从无意识的混色逐渐发展到主动调色，尝试调出自己想要的颜色。通过科学游戏，让幼儿发现颜色的奇妙，提高幼儿的动手操作能力和观察能力，让他们学会在玩中学、学中玩。

6. 互动性原则

环境创设的过程是幼儿与教师共同参与合作的过程，因而互动性原则要贯穿环境创设的始终。教师要有让幼儿参与环境创设的意识，要认识到幼儿园环境的教育性不仅蕴含于环境之中，而且蕴含于环境创设的过程中。以往，幼儿园环境创设常常较多地由教师包办，即使有幼儿参与，也仅限于将幼儿的作品(见图1-2-22)用作环境的点缀。学期初，教师经常为了布置环境而加班，一旦将环境布置好了，就认为大功告成，一学期难得更换一次。这样的环境对于幼儿没有持久的吸引力。教师应让幼儿参与环境创设并把该过程融入课程，以便有针对性地对幼儿进行教育。例如，为了增强幼儿对垃圾分类知识的了解，某园开展以“绿色环保我助力，垃圾分类我先行”为主题的环保系列活动(见图1-2-23)。通过互动趣味游戏，宣传生活垃圾分类的重要意义和分类标准，引导幼儿将果皮、碎纸、塑料等垃圾投入对应的分类箱。幼儿在摸一摸、闻一闻、玩一玩中，激起了他们对生态环境和节能的兴趣和探索欲望，自觉成为关心、保护环境的小卫士，更加重视环境保护，注意节约资源。

图 1-2-20　土豆种植活动

图 1-2-21　颜色变变变

图 1-2-22　天气栏

图 1-2-23　垃圾在哪里

7. 艺术性原则

在环境创设过程中，环境的总体布局、物品及装饰既要符合艺术审美，又要符合幼儿的审美需求；既能给人以温馨、舒适、美好的享受，又能促使幼儿在环境创设中感受美、体验美、创造美。

为了贯彻审美性原则，应做到以下几点。

1) 重视幼儿园环境创设的色彩美

幼儿园环境创设在色彩上应给幼儿美的享受，具体要求有以下几点。

(1) 色与光的协调。幼儿园的室内应是明亮、整洁的，这需要让环境空间中的光照和色彩变得协调起来。

(2) 背景色与物体色的协调。背景色以淡雅、单一或色彩渐变为宜，切忌过于花哨，应给其他物体布置和装饰留有色彩空间。

(3) 选择的色彩不宜过多。颜色过多的话会破坏环境的整体感。

(4) 多用幼儿喜欢的色彩。幼儿对色彩有明显偏好，大多数幼儿喜欢明亮的暖色。幼儿园空间环境(见图1-2-24)适宜的主色彩为亮度高且纯度偏中的浅蓝、粉红、浅黄、浅紫等。

2) 重视幼儿园环境创设的造型美与构图美

幼儿园环境创设在造型上应符合幼儿的审美特点，可多采用卡通形象、动物等。

3) 重视幼儿园环境创设的内容美

幼儿园环境当中的内容有很多题材，无论是动物、植物、人物，还是景物，其画面主题、情境或情节都应符合幼儿的生活经验、认知特点。例如，以“中国传统京剧”为主题创作的墙壁挂饰(见图1-2-25)在美化环境的同时让幼儿了解京剧，增强他们对国粹艺术的热爱，让悠久文化现代化，并让幼儿亲身体验国粹艺术的魅力。京剧是我国的传统戏剧瑰宝，是我国的国粹，它集中体现了中国传统文化的精髓。

图 1-2-24　美工室

图 1-2-25　京剧脸谱

8. 动态发展性原则

幼儿园环境创设是动态发展的，并非一成不变的。要根据幼儿的近期兴趣、发展需要、能力水平以及教育内容的不断深入、主题的更换、季节或节日的变化等实际情况，有的放矢地变换和调适环境，让环境更好地促进幼儿的成长。例如，在六一儿童节、元旦等不同的节日中，教师可以带领幼儿制作各种手工艺品，如在六一儿童节制作贺卡，在春节制作鞭炮、对联、窗花等，这样既能让幼儿认识不同的节日，又能锻炼他们动手操作的能力，其作品也可以将教室装扮一新。

中国传统节日的内涵比较丰富，其中的文化和精神价值需要被提倡与强化。作为幼儿园教师，可以在春节、重阳节、端午节、中秋节、元宵节等传统佳节多让孩子了解一些跟节日有关的文化和传统，进行相关的幼儿园环境创设(见图1-2-26)，增强中华文明的传播力和影响力。

但必须注意的是，追求环境创设的动态性，并不意味着频繁地变换环境。频繁变换环境，一方面会造成教育资源的浪费，降低已经创设的环境的实用价值；另一方面，由于幼儿期是秩序感培养的关键期，若环境变换得过于频繁，易使孩子缺乏安全感，导致他们心性不稳定，不利于对其耐性的培养。

图 1-2-26　春节装饰

9. 经济性原则

幼儿园的经济性原则是必须考虑的。幼儿园环境创设人员应考虑不同地区不同园所的实际情况，做到因地制宜、合理安排，运用生活中的废旧材料进行环境创设，而不是盲目地攀比、跟风。幼儿园环境创设是人力、物力、财力等在幼儿教育上的投资。应充分认识到，对于教育投资，要力求以最小的投入发挥最佳的效用，实现教育功能的最大化。为了贯彻经济性原则，应做到以下几点。

1) 因地制宜，充分利用三维空间

任何环境创设都离不开实际环境条件。由于每所幼儿园的地形、地貌、周边环境、建筑格局、总体设计等不尽相同，环境创设的处理手法不能千篇一律。幼儿园室内外的地面、天花板和墙面，都可以作为环境创设的重头戏。例如，对于墙面布置，可在室内外创设不同内容板块的主题墙(如幼儿作品展、家园联系栏、天气记录板等)。欣赏经过布置的墙面，成了家长了解幼儿在幼儿园情况的最直观方式。

2) 合理布局，发挥环境的综合功能

幼儿园环境创设要重视各类环境的相容性，即在规划环境时要考虑各类环境特性，尽可能合理布局。例如，种植角应该距离水源近，以方便幼儿取水。

3) 拓展思路，提高环境的使用效率

创设幼儿园环境时应考虑其安排及使用，并把环境使用与幼儿园活动环节紧密联系起来。

为了推动绿色发展，促进人与自然和谐共生，党的二十大报告对新时代新征程生态文明建设做出重大决策部署，提出重点任务举措。我们要努力建设人与自然和谐共生的美丽中国。例如，利用废旧材料进行幼儿园环境创设，废旧材料的利用不仅能激发幼儿的想象力与创造力，而且能培养幼儿生态环保理念，让幼儿认识到各种废旧材料(见图1-2-27～图1-2-30)的价值，明白生态环保理念的意义。这种有效的教学引导将会帮助幼儿形成更好的思想意识，而幼儿园也能就地取材以节约经济成本。

图 1-2-27　废旧纸杯

图 1-2-28　废旧纸壳

图 1-2-29　废旧塑料品

图 1-2-30　废旧牛仔布

1.2.3　幼儿园环境创设的基本要求

幼儿园环境创设是一种创造性的活动，要满足幼儿对环境的各种要求，包括舒适度要求、适宜度要求及和谐度要求三个方面。

1. 舒适度要求

幼儿园是幼儿的俱乐部，必须环境舒适。只有在舒适的环境里，幼儿活动的积极性、活动的效果才会达到较理想的状态。幼儿如果长期处于杂乱、肮脏、简陋并且活动费力的环境中，就会产生强烈的厌恶感。依据幼儿在环境中的舒适度，有研究者将幼儿园环境分成如表1-1所示的四个等级。

表1-1　幼儿园环境等级

等级	舒适度	环境表现
1	不能忍受	各项环境指数都可能危及幼儿身心的正常发展，幼儿的机体不能忍受这种环境
2	不舒适	幼儿的生理、心理均要承受强大的外来压力，在这种环境中活动，幼儿很快就会疲劳
3	舒适	一般情况下，幼儿可以接受这种环境，而且不会感到刺激和疲倦
4	非常舒适	各项舒适指标达到最佳程度，幼儿在一日活动中感到完全舒适和满意

人体对环境的舒适度要求包括空气、采光、温度、声音和色彩等方面。因此，要想提高环境的舒适度，要从以下几方面采取措施。

- 空气。要注意保持室内空气流通，室外种植足够的花草树木，并达到一定的指标。
- 采光。幼儿生活用房应布置在园内最好的日照方位，并满足冬至日底层满窗日照不少于3小时的要求。同时，温带地区、热带地区的生活用房应一律避免朝西，否则应安装遮阳设备。图1-2-31展示了甘肃天水市养正幼儿园的良好采光。
- 温度。舒适的幼儿园环境温度宜在20℃左右。当温度在27℃~32℃时，会加速幼儿疲劳；超过32℃时会使幼儿注意力分散，极易引发高温疲劳；温度若低于适度水平，也会给幼儿带来不利影响，如低于15℃时，幼儿手的灵敏度会明显下降。

- 声音。一般来讲，幼儿园室内噪声应不大于50分贝。悦耳的音乐有助于幼儿的身心健康，幼儿园可以在适当的时候向全园播放音乐，以改善声音环境指数。
- 色彩。创设幼儿园环境时，要力争把光照和色彩两个因素协调起来，创造出明快、轻松的整体环境。此外，要多用幼儿喜欢的颜色。事实证明，适合幼儿园环境的主色彩包括浅蓝、粉红、浅黄和浅紫等。

图 1-2-31　甘肃天水市养正幼儿园

2. 适宜度要求

适宜度要求是指幼儿园环境创设应符合幼儿的生理和心理特点。首先，要了解幼儿身体各部分的尺寸，并以此为依据确定各设施的尺寸，以方便幼儿使用。其次，要根据幼儿视觉器官的特点进行环境创设。幼儿的视野小于成人所能看见的空间范围，其头部转动的角度与视野范围的角度大致相同。幼儿头部转动的适宜度范围是左右45°，上下30°。若超出这一范围，幼儿就会感到不适。因此，幼儿园环境的创设要从幼儿的生理特征出发，例如，活动室墙饰的高度要以幼儿的视野为中心。此外，幼儿参与的活动不同，环境布置也是不一样的。阅读区(见图1-2-32)的幼儿以阅读活动为主，常采用坐姿，因此最好为他们提供高度合适的座位。而在建构区，幼儿们有站着的，有坐着的，有趴着的，有跪着的，因此应该准备一块较为宽敞的活动区域，最好铺上地毯或地垫。

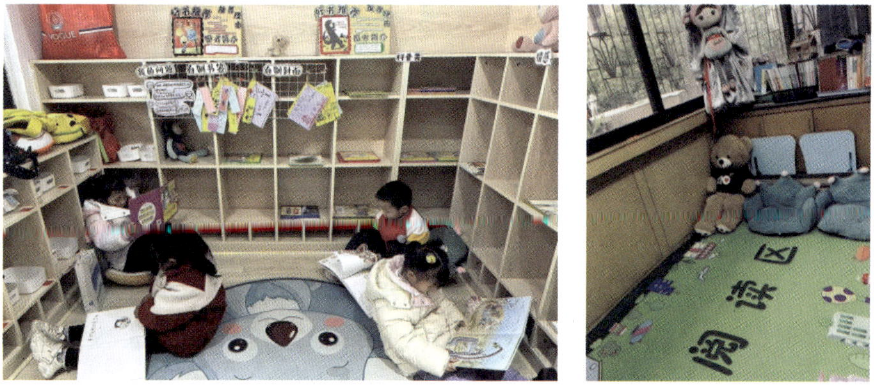

图 1-2-32　阅读区

3. 和谐度要求

从形式上看，幼儿园环境创设旨在创造一个美的环境。环境美包括自然景物美、建筑物美、雕塑美、绘画美、书法美和工艺美等，但美化环境并非这些构成要素的机械相加，而是将各种要素有机地统一起来。它着重强调环境与人之间、环境诸要素之间、各要素内部组成部分之间的关系，以寻求环境的整体审美效果。随着社会的进步和文明程度的不断提高，人们对环境审美功能的需求已逐渐超越了最初作为主要功能的实用需求。在城市现代化建设进程中，花园似的社区、机构越来越多，亭台楼阁、秀水石雕、绿树成荫和百花争艳的艺术人居环境已成为一种时代潮流。因此，幼儿园环境创设也要跟上时代的发展，不仅要充分适应幼儿身心发展的需求，还要能够充分反映时代的审美特征，达到环境创设内外和谐的较高境界。例如，四川九寨沟县启航幼儿园(见图1-2-33)呼应了村落的原生肌理，随处可见的高大树木将天空与田野切割成拼贴画般的背景，通过这些天然“柱廊”走向村中房舍时，会有桃源探秘般的新奇感。

图 1-2-33　九寨沟县启航幼儿园

1.2.4　幼儿园环境创设的基本方法

1. 讨论法

讨论法是指在环境创设过程中，教师引导全班幼儿或几个幼儿通过讨论的方法集思广益，相互启发，选择或确定环境创设的主题和内容，以及与环境和材料互动的方法。幼儿园环境创设的主题和内容往往是从幼儿一日生活中感兴趣的活动中派生出来的，如果幼儿们对教育活动中的某个主题活动特别感兴趣，教师就可以因势利导，让幼儿们对这一主题的内容进行讨论，进而派生出有关这一系列活动的墙饰、窗饰、门饰或区域活动的布置方案。

运用讨论法时应注意以下几点：① 最好在幼儿已具备感性经验的基础上进行；② 讨论的问题要围绕环境创设的主题，具体明确；③ 在讨论中，要让幼儿敢于发表自己的看法并善于倾听同伴的回答。

2. 探索法

探索法是指让幼儿在环境中自己发现问题，独立地解决问题，从而获得知识的方法。这种方法可以激发幼儿学习的内在动机，提高他们与环境和材料互动的积极性。

运用探索法时要注意以下几点：① 创设的环境和提供的材料是适合幼儿探索的；② 独立探索应与教师的指导结合起来，使幼儿探索不断深化；③ 教师要在幼儿探索中帮助他们找出所探索的问题与他们已知事物之间的联系；④ 教师要指导幼儿运用已有知识来促成探索，以提高幼儿探索的兴趣，并帮他们树立解决问题的信心。

3. 操作法

操作法是指教师指导幼儿动手操作，让幼儿掌握知识、形成技能和习惯的基本方法。

运用操作法时应注意以下几点：① 鼓励幼儿动手，对操作提出不同的要求，哪怕是在原来操作的基础上稍稍提高要求；② 先允许幼儿操作错误，然后引导幼儿纠正错误；③ 操作的方式要多种多样，避免简单机械地重复。

4. 评价法

评价法主要是对环境质量的评价，包括对幼儿适应环境的评价、对幼儿的环境创设和互动行为的评价、对教师的环境创设效果的评价等。

运用评价法时应注意以下几点：① 支持幼儿按照自己的想法作用于环境；② 促使作用于环境的结果为幼儿所感知和体验；③ 用启发性和互动性的方式引入新经验。

任务1.3　幼儿园室内外环境的创设

1.3.1　室内环境创设

这里的室内环境主要是指幼儿园主体建筑的内部环境，包括门厅、走廊、楼梯、活动室、生活区等。

1. 门厅

门厅是所有进出人员的集散地，是幼儿、家长、教职员工以及外来人员的必经之地。因此，其环境创设应格外精心，尽力反映出幼儿园水平。

门厅一般比较宽敞。对于门厅，可以考虑采用大型装饰壁画(见图1-3-1～图1-3-3)。壁画内容既可以是幼儿的绘画、剪纸和手工作品等，也可由专业人员设计、制作；也可以设置橱窗、展柜，使人们可以驻足观赏。

2. 走廊

幼儿每天都要多次经过走廊，走廊中展示的内容可多次、反复作用于幼儿，因此，可以利用走廊陈设帮助幼儿学习一些生活与科学小知识。宽敞的走廊可以设置为幼儿的活动区，利用一些家具或玩具架进行活动区域隔断；长的走廊则可以设置为展示区，通过各类橱窗、展示栏等展示师生的书画、手工作品等(见图1-3-4～图1-3-6)。

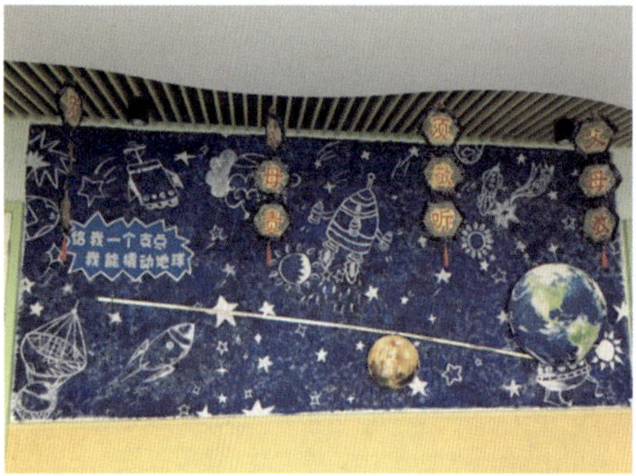

图 1-3-1 门厅壁画

图 1-3-2 门厅壁画

图 1-3-3 门厅壁画

图 1-3-4 走廊主题墙

图 1-3-5　走廊空间布局

图 1-3-6　互动性墙饰

3. 楼梯

沿着楼梯墙面，可以设立画廊，悬挂各种工艺美术品，增加展示艺术作品的空间；也可以根据楼梯特点，运用剪贴、手绘等方法制作专门的墙饰；在楼梯的拐角处，可巧用塑料花或装饰植物来点缀。楼梯的台阶、护栏还可以配合楼层总体色调进行布置(见图1-3-7～图1-3-12)。

图 1-3-7　楼梯吊饰

图 1-3-8　楼梯传统节日主题装饰

图 1-3-9　楼梯一角

图 1-3-10　楼梯台阶

图 1-3-11　楼梯少数民族主题装饰

图 1-3-12　楼梯转角

4. 吊饰

无论是自制的还是购置的吊饰，在幼儿园环境布置中都是重要的饰物。幼儿园每逢喜庆节日总要挂一些工艺饰品以烘托节日气氛。节日过后，那些饰品往往被冷落甚至丢弃。其实，吊饰也是很好的空间环境布置饰物，它能使幼儿园充满活力。

幼儿园空间吊饰种类很多，如风铃、动物灯饰、风筝、大红灯笼、纸花纸彩、自制玩教具等，小型毛绒玩具也可作为幼儿园的吊饰(见图1-3-13～图1-3-16)。吊饰的位置要根据需要而定，它们不可随意悬挂，否则会造成视觉上的混乱，一般可悬挂在走廊、楼梯口上方、教室或各类活动室、大厅。还应根据区域的不同功能选择吊饰，例如，幼儿园大厅上方空间可用一些造型别致的灯饰和灯笼营造热烈气氛；楼梯口适宜挂些小型的悬挂物或者塑料花卉等以装点环境；大型集会活动的悬挂物应当营造热烈、庄重的气氛，色彩应该鲜明、亮丽，吸引幼儿；应多用对比色配色，可以挂些大红灯笼、彩纸纸花、节日彩灯、塑料花卉等。

还应该根据不同的教育需求及时更换或调整吊饰，因此，悬挂物的创设带有短期性的特点。教室内的悬挂物应该配合阶段教学内容来调整，例如，根据春、夏、秋、冬四季的季节性安排，根据不同节日的纪念性安排，悬挂物的选择要与节日(如元旦、儿童节、端午节、国庆节、元宵节等)性质相符合。

图 1-3-13　活动室吊饰

图 1-3-14　走廊吊饰

图 1-3-15　走廊吊饰

图 1-3-16　吊饰提示语

5. 活动室

幼儿园的活动室按功能可分为多功能活动室、专用活动室和班级活动室。多功能活动室(见图1-3-17)一般是幼儿园里的大型活动室，可供开展音乐、体育、游戏、观摩、集会等活动。专用活动室是幼儿园专门设置的有特定功能的活动室，如编织坊(见图1-3-18)、美工活动室、电脑室、图书室等。班级活动室是幼儿园各年龄班幼儿进行教学和室内活动的基本场所。

图 1-3-17　多功能活动室

图 1-3-18　编织坊

活动室内的玩具一般靠墙安置以节省地方，使幼儿有较大的活动空间。活动器具的色彩要活泼、明快，不但要有实用功能，还要起到美化环境的作用。窗台和活动器具上可摆放一些较为固定的物品，其摆放的位置、角度等要注意整体效果，且与环境相协调。

6. 生活区

幼儿在生活区的主要活动是睡眠和盥洗。有的幼儿园(主要是寄宿制幼儿园)把生活区和活动区分开，设有专门的睡眠室、卫生间；有的幼儿园则把幼儿的午休、盥洗等活动集中在一起分区域进行。生活区的色彩宜柔和，形式要简洁(见图1-3-19～图1-3-21)。

图 1-3-19　睡眠室

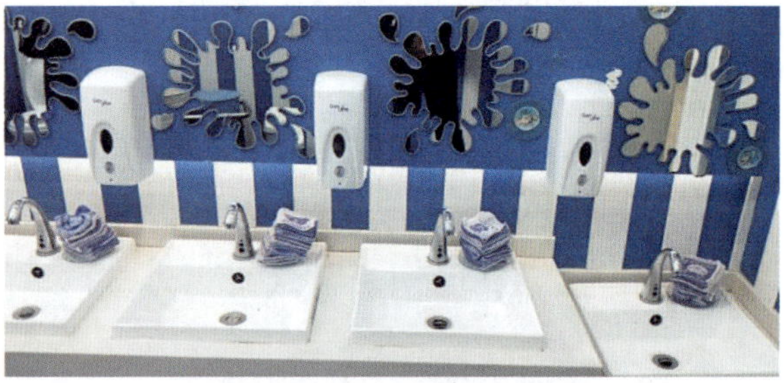

图 1-3-20　洗手区

图 1-3-21　如厕区

1.3.2　室外环境创设

室外空间环境主要是指幼儿园教室以外的空间环境，主要包括主体建筑、园门、园区绿化环境、室外游戏活动场地等。

1. 主体建筑

幼儿园的主体建筑(见图1-3-22)主要是指教学楼，其面积大，引人注目，是幼儿园形象特征的重要组成部分。主体建筑在总体设计上应有儿童的生活气息，色调要明亮、清新夺目，富有童趣。

图 1-3-22　幼儿园主体建筑

2. 园门

园门(见图1-3-23)是幼儿园给人的第一印象，往往也是幼儿园对外形象的代表。园门的样式很重要，但它的设计决不能与环境割裂开来单独考虑。无论采用哪种设计样式，其色彩和造型都应该与幼儿园的整体环境和建筑风格相协调，并能体现出幼儿园的特点。

图 1-3-23　园门

3. 园区绿化环境

环境美化离不开绿化，幼儿园环境绿化工作有着多种意义。环境科学家把绿色植物说成新鲜空气的加工厂、卫生消毒站、天然除尘器。据实验测定，紫薇、茉莉、臭桥、香樟、女贞等植物都有很强的杀菌能力。此外，绿色植物还能减少粉尘污染，吸收噪声，调节、改善气候，凡此种种，都可反映环境绿化的重要性。

环境绿化的基本方法是广植树木、多种花草(见图1-3-24、图1-3-25)。常青树美化环境的效果最好，因而植树是环境绿化的首选措施。藤本植物的绿化效果也不错，但要根据园区建筑设计综合考虑。此外，可以结合幼儿的年龄特点和行为习惯增加一些趣味设计，如在绿化环境中设置立体雕塑(见图1-3-26)，使其与绿化环境交相辉映或在草地上铺设小径(见图1-3-27)等。

图 1-3-24　园区水池

图 1-3-25　园区绿植

图 1-3-26　雕塑

图 1-3-27　草地小径

4. 室外游戏活动场地

幼儿天生好动，创设良好的室外游戏活动场地对于完善幼儿心理社会环境、促进幼儿身心健康发展具有重要意义。幼儿园的游戏活动场地按照不同的活动功能可分为若干区域，包括游乐设施区、体育活动区、戏水玩沙区和种植饲养区等。

1) 游乐设施区

游乐设施区是深受幼儿喜爱的地方。以肌肉动作为主的户外游戏活动能促进幼儿身体动作技能的发展，有助于幼儿形成健康的体魄和良好的行为习惯，养成活泼开朗的性格。因此，幼儿园一般都将游乐设施(见图1-3-28)作为基础设施来建设。

游乐设施应置于软质地面上，如沙地、草坪、塑胶地垫和自然土地等，越是大型设施，其安全防护措施就越是要到位。同时，幼儿园应做好设施的日常维护工作，必须定期检查、维修，及时消除事故隐患。

图 1-3-28　游乐设施

2) 体育活动区

虽然各幼儿园的场地条件有很大差异，但都必须按照国家相关规定，设置有跑道的运动场(见图1-3-29)，并为幼儿提供各种适合他们的固定器械(见图1-3-30)。

图 1-3-29　跑道运动场

图 1-3-30　运动器械

在设置固定器械时，应注意以下几个方面。

(1) 要根据不同年龄层次幼儿的需要，合理地配置不同种类的固定器械。因为每个年龄层次幼儿的动作发展水平都不同，动作达标的要求也不同，固定器械的设置应考虑这些因素。在设置固定器械时，可以划分年龄区域，每一区域的固定器械应满足同一年龄层次幼儿运动的需要。例如，小班幼儿区域内的器械应以小型单个的器械为主。

(2) 要根据固定器械的功能将其放置于不同的区域。每一件固定器械都有其不同功能，有的发展幼儿大肌肉，有的发展幼儿小肌肉，设置时应避免将功能相同的器械配置在一起，尽量做到布局合理。

(3) 固定器械之间应有一定的间隔，保证幼儿有一个充分活动的空间，让幼儿随意地选择器械，自由进行活动。如果没有一定的活动空间，幼儿的运动效果就会大打折扣。此外，一些幼儿园还可以利用场地条件建设一定规模的运动场，开辟篮球场、溜冰场、足球场、游泳池等专项体育活动场地。

3) 戏水玩沙区

戏水玩沙是幼儿非常喜爱的游戏活动。幼儿园应创设适宜的条件，为幼儿提供与这些自然材料亲密接触的机会。戏水池中可以放一些彩色球，以增添游戏趣味；在玩沙区(见图1-3-31)，可提供木制小动物、塑料小桶、轮胎之类的材料。所有的材料、器械、设备(见图1-3-32)必须无棱角锋刃，保证绝对安全。

图 1-3-31　玩沙区

图 1-3-32　戏水玩沙设备

4) 种植饲养区

在种植区内，可多准备一些小花盆及种植工具，让幼儿自己动手种植一些容易生长的蔬菜、花卉，如土豆、花生、西红柿、太阳花等，如图1-3-33所示。通过播种、浇水、施肥、收获的全过程，让幼儿了解植物的习性、特点及生长周期，并让幼儿懂得“有劳动才有收获”的道理，从中体验劳动的辛苦与收获的快乐。在饲养区(见图1-3-34)内，可以饲养一些性情温和、惹人喜欢的小动物，如小乌龟、小金鱼、小鸡、小鸭、小白兔等。对幼儿来说，这就像拥有了一个小小的动物世界，让他们天天喂养、关心小动物，从而培养幼儿爱护小动物、热爱大自然的习惯。在自然角也可种植各种绿色植物，如图1-3-35所示。

图 1-3-33　种植区

图 1-3-34　饲养区

图 1-3-35　自然角

任务1.4　幼儿园环境基本创设技能实训

模拟实训 1：幼儿园玩沙区设计的比较与分析

户外活动中玩沙对小朋友来说是极具吸引力的。每次经过沙池区，小朋友们都跃跃欲试地想要去里面玩一玩。在这里，孩子们亲手触摸，直接感知沙的特性：一粒一粒的、小小的、黏黏的……在这里，孩子们可以亲手实践。

【实训目标】

1) 培养学生对幼儿园环境创设实例进行比较与评析的能力。

2) 使学生加深对教育环境创设理论的理解，培养他们对环境创设原理的实际运用能力。

3) 初步培养学生进行教育比较研究的能力。

【实训要求】

1) 根据所学的幼儿心理、教育及幼儿园空间环境创设等原理，对图1-4-1和图1-4-2中的这两个沙池设计进行比较。

2) 分析这两个沙池设计对幼儿玩沙游戏可能产生的影响，以及能进行哪些改进。

3) 将你的观点写成一篇不少于1000 字的小论文，要求论点明确、条理清晰。

图 1-4-1　室内玩沙

图 1-4-2　室外玩沙

【实训考核】

实训结束后，教师根据表1-2所示的评分标准对学生的设计进行评分。

表1-2　评分标准

评分项目		分值	实际所得分值
设计方案	客观性	20	
	科学性	20	
	创新性	20	
分享过程	条理性	20	
	表述简练性	20	
合计		100	

模拟实训2：幼儿园吊饰设计

吊饰在教育中产生多方面的积极作用，真正能让幼儿喜欢并能促进幼儿主动发展的环境在我们的教育活动中是至关重要的，因此吊饰有着不可替代的作用。

【实训目标】

1) 培养学生根据幼儿园教育特点设计吊饰的能力。

2) 培养学生的创意手工制作及实践运用能力。

【实训要求】

1) 参照图1-4-3中的设计实例，以小组为单位设计一组吊饰装饰品，主题自拟。

2) 小组成员的成品尺寸及创作手法一致。

图1-4-3　吊饰

【实训考核】

根据吊饰作品及幼儿园整体悬挂效果为学生的设计评分。

课后练习

1. 什么是幼儿园环境？它具有哪些特点？

2. 结合实际分析教师在幼儿园环境创设中所起的作用。

3. 简述幼儿园环境创设的基本程序。

4. 参观一所幼儿园，并用幼儿园环境创设的基本原则分析该园环境创设的整体状况或局部状况。

【幼儿教资考点聚焦】

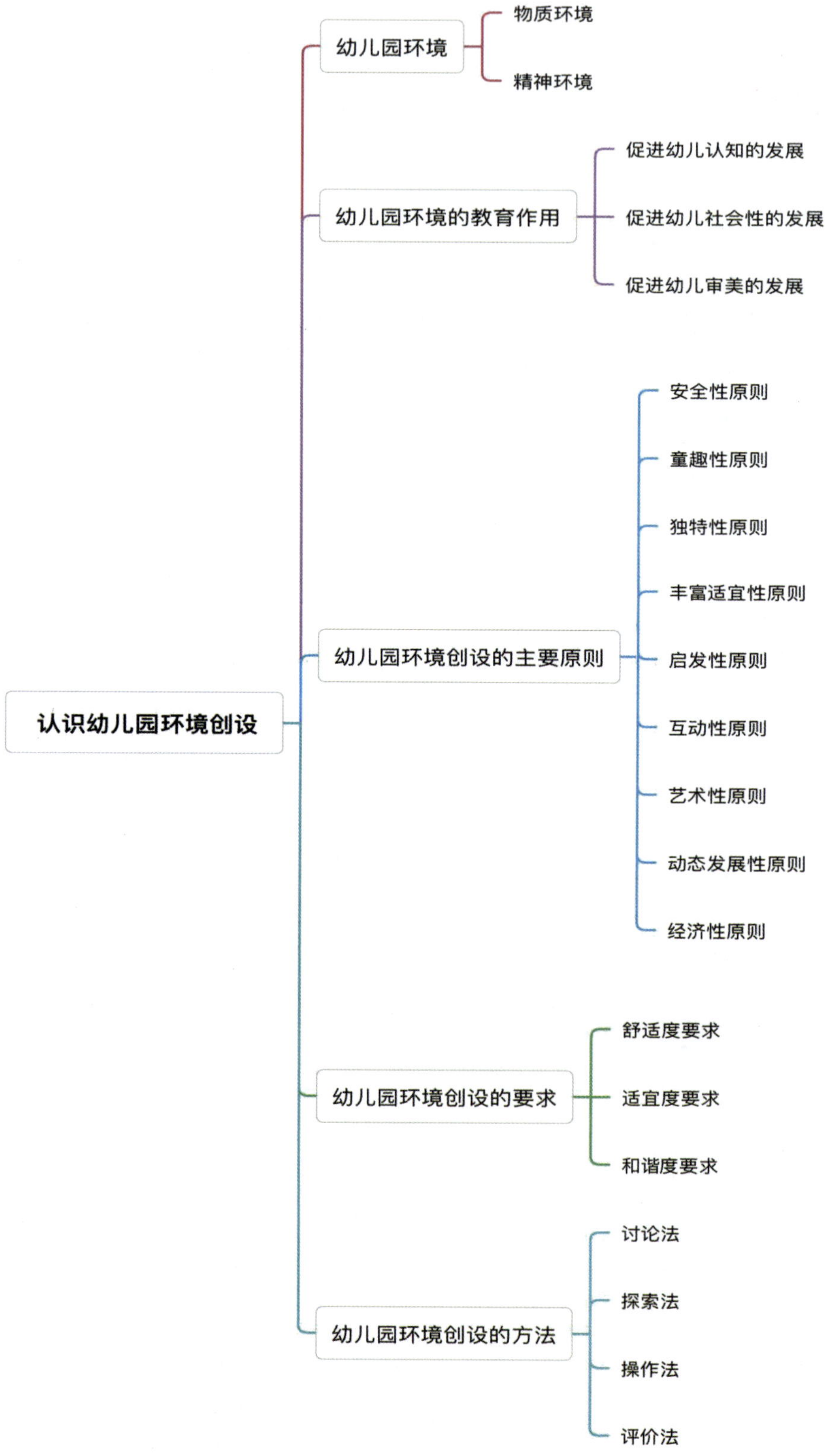
认识幼儿园环境创设
幼儿园环境
物质环境
精神环境
幼儿园环境的教育作用
促进幼儿认知的发展
促进幼儿社会性的发展
促进幼儿审美的发展
幼儿园环境创设的主要原则
安全性原则
童趣性原则
独特性原则
丰富适宜性原则
启发性原则
互动性原则
艺术性原则
动态发展性原则
经济性原则
幼儿园环境创设的要求
舒适度要求
适宜度要求
和谐度要求
幼儿园环境创设的方法
讨论法
探索法
操作法
评价法

【往年教资真题再现】

1. 从狭义上理解，幼儿园环境是指（　　）。

A. 幼儿园生活环境

B. 幼儿园心理环境

C. 幼儿园教育的一切外部条件

D. 幼儿园内一切影响幼儿发展的因素

2. 幼儿园环境与外界环境相比具有可控性，即幼儿园内环境的构成处于（　　）的控制之下。

A. 教育者　　B. 保育员　　C. 园长　　D. 社会

3. 在幼儿园环境创设中，要把大小环境有机结合在一起，实现学校与家庭、社区的合作，这体现了（　　）原则。

A. 经济性　　B. 参与性　　C. 开放性　　D. 多样性

4. 创设幼儿园环境时应考虑不同地区、不同条件幼儿园的实际情况，因地制宜，因陋就简，这体现了（　　）原则。

A. 开放性　　B. 经济性　　C. 发展适宜性　　D. 参与性

【教资真题再现答案汇总】

1. D　　2. A　　3. C　　4. B

项目② 幼儿园主题墙饰创设

幼儿园主题墙饰创设导读

【引言】

幼儿园主题墙饰创设是一种手法多样的综合性壁面装饰艺术设计，它涵盖绘画、雕塑、壁饰、民间工艺、抽象艺术等多种艺术表现形式，是集教育性、艺术性于一体的墙面环境装饰设计。

幼儿园主题墙饰主要分布在各班教室中，环境创设人员应以各学期不同的教育内容为中心，进行相应的主题墙饰艺术设计。主题墙饰的设计不仅要求主题鲜明，体现教育内容，而且要求与教室的整体设计风格和内容明确呼应和协调。主题墙饰并非一成不变的，会随着各学期教育目标的变化而不断更换。只有根据幼儿的年龄特点，设计适合不同年龄班和主题要求的墙饰，才能达到教育目的，使其成为幼儿与环境、幼儿与幼儿、幼儿与教师、幼儿与家长之间交流的中介和桥梁，为幼儿提供良好的物质环境和精神环境，促进幼儿的身心发展。

【学习目标】

知识目标：

了解幼儿园主题墙饰的分类，熟悉幼儿园主题的设计要点。

了解典型的幼儿园主题墙饰的制作技法。

掌握幼儿园主题墙饰造型设计的变形方法和装饰色彩运用的法则，能够结合案例尝试进行实践运用。

能力目标：

熟练运用多种墙饰制作技法。

能围绕某一主题进行幼儿园墙饰作品制作。

素质目标：

通过对幼儿园主题墙饰的学习，将传统文化融入教学内容中，并善于挖掘相关的环境创设素材，将自身的理论基础与实践能力相结合，弘扬爱国主义。

【模块流程】

幼儿园主题墙饰创设
- 幼儿园墙饰创设概述
- 幼儿园墙饰创设的基本要素
- 幼儿园墙饰基本创设技能实训

【案例导入】

教室里会不时地出现一些令幼儿惊喜的现象。春日里，花园中翩翩起舞的蝴蝶飞到了窗帘上，蝴蝶的翅膀和窗帘的花纹交相辉映，美丽得让人移不开眼；小蜜蜂像被室内花瓶中的绢花吸引，“嗡嗡嗡”地飞进了教室。孩子们欢呼着，招呼小伙伴们来教室：“快来看！”

空中飞舞的蝴蝶、蜜蜂为小朋友们带来了欢喜，他们也发现了周围的各种小昆虫：有的沿着墙脚爬行，有的在春光中肆意飞舞，有的静静待在教室一隅……此时的他们对昆虫表现出极大的兴趣。教师见此情况，灵机一动地说道：“这些小昆虫大家都认识吗？”听到教师的提问，小朋友们都积极地将自己认识的昆虫说了出来：“有漂亮的蝴蝶、采蜜的小蜜蜂，还有，还有……还有七星瓢虫……”一时间教室内有些嘈杂，各种昆虫的名字一个接着一个在耳边响起。教师笑道：“小朋友们知道的昆虫好多啊，那能不能把它们各自的特征画下来呢？”有个胆子大的小朋友举起手：“我知道蜻蜓长什么样子，但不会画。”

因此，教师带领小朋友们进入美工区，墙壁上有各种各样的墙饰，其中一面墙的主题墙饰是“我知道的昆虫”。教师引导他们仔细观察墙饰中的动物形象，了解有关昆虫的知识，尝试对昆虫进行分类。小朋友们积极地按照主题墙饰上的“捉昆虫”角色扮演游戏规则来玩耍。玩耍过后，教师引导小朋友们根据自己的游戏体验，在美工区域把自己有信心画好的昆虫绘制出来，并将绘画作品贴在展示区。

【问题】 上述案例中，教师有哪些地方做得好？又有哪些地方可以改进？如果你是案例中的教师，会如何做？

任务2.1　幼儿园墙饰创设概述

幼儿园墙饰不仅具有装饰、美化环境的作用，还可以帮助幼儿丰富知识，陶冶情操。培养幼儿的审美能力是对幼儿施以教育的有效途径。

2.1.1　幼儿园墙饰的分类

根据幼儿园墙饰使用功能的不同，幼儿园墙饰可分为幼儿园装饰性墙饰和幼儿园功能性墙饰两类。前者主要以壁面装饰为主，而后者则有明确的功能要求，如“红花榜”“值日表”“一周食谱”“七步洗手法”“活动区标”等。

根据设计性质的不同，幼儿园墙饰可分为常规墙饰、主题墙饰和互动性墙饰三类。

1. 常规墙饰

常规墙饰设计主要是针对幼儿园各区域场所做的墙饰设计。它主要包括各类宣传板(栏)设计(见图2-1-1)、活动区墙饰设计、园内环境墙饰设计、睡眠室墙饰设计等。

一般情况下，常规墙饰使用时间较长，因此对设计的整体性和装饰性要求较高。以家园联系专栏(见图2-1-2)设计为例，家园联系专栏是教师与家长之间沟通、联系的桥梁。通过这个专栏，家长可以了解幼儿园各阶段的教学要求和内容，知晓幼儿园的教学情况，以及幼儿在园内的学习情况，从而配合教师做好教育工作。通过家园信箱等栏目，教师还可以向家长介绍一些教育理念，家长也可以借机把自己的意见、建议传递给教师，从而更好地达到家园共育的目的。

图 2-1-1　冰雪乐园

图 2-1-2　家园联系专栏

2. 主题墙饰

主题墙饰是班级环境创设的重要组成部分，是一个班级的亮点，是教师和幼儿在本学期将要进行的学习、活动内容的一个展示。它的创设过程具备动态发展性，是从无到有，随着活动的深入而不断变化的。主题墙饰的质量与班级主题活动的质量呈正相关关系，活动设计得好，主题墙饰也就成功了一大半。确定了本学期的教学内容，并对相应的主题活动有了具体的规划后，我们就需要根据班级的环境，对主题墙饰进行相应的安排。

主题墙饰主要出现在幼儿园各班级教室中，以展示各学期相关教育内容为主要目标，包括教室主、副墙饰，各区角墙饰，环境图示等。主题墙饰的设计要求主题鲜明突出，色彩搭配合理，墙饰内容富有童趣，能够引起幼儿的好奇心与探索欲，在体现相关阶段教学内容的同时，要与教室整体设计风格和内容相呼应、协调。

党的二十大报告指出，中华民族是有着伟大团结奋斗精神的民族，团结奋斗的价值理念深深融入并深刻影响着中国人的精神世界和日常行为。“积力之所举，则无不胜也；众智之所为，则无不成也”这句话启迪人们精诚团结，勠力同心。而全面推进中华民族伟大复兴这个目标的宏伟性要求我们56个民族持续团结奋斗。基于此，在园展开“祖国知多少”主题活动(见图2-1-3)，并创设相应的主题墙饰，使幼儿领略祖国的大好河山和不同民族的风土人情，同时体验日新月异的科技发展。此类活动让幼儿认识到，地域辽阔的祖国有56个民族，大家都是相亲相爱的一家人。幼儿在活动中欣赏中国不同民族的丰富多样的造型装扮，感受不同民族的民俗文化，并通过“角色扮演”的方式了解少数民族的特色服饰，从而提升民族自豪感。“名胜古迹”“祖国知多少”等主题活动引导幼儿领略祖国的风采，进而增强幼儿作为中国人的自豪感。

图 2-1-3　祖国知多少

3. 互动性墙饰

互动性墙饰设计是指让幼儿参与墙饰的材料准备和制作过程，由师生共同完成的一种制作形式。互动性墙饰(如天气栏，见图2-1-4)不再局限于墙饰的美化设计，而是侧重于师生相互游戏的随机设计，以及引导幼儿参与展示的创意设计。互动性墙饰中的区角设计是班级环境创设的另一个重点，区角的内容必须基于班级幼儿的年龄特点及兴趣爱好来确定。数量可从满足每位幼儿游戏的需求来考虑，通常可从常态区角和创造性游戏两方面来设计和考虑。如图2-1-5所示，互动性墙饰要以幼儿发展的需要为目的，紧紧围绕教育目标和教学内容，发挥幼儿的主体作用，从而最大限度地发挥墙饰的教育作用。

图 2-1-4　天气栏

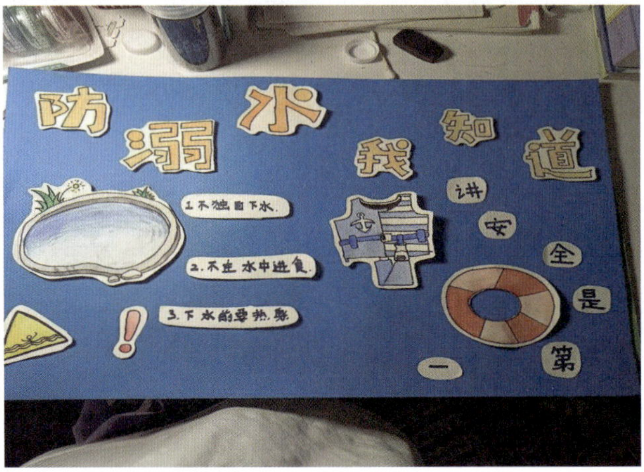

图 2-1-5　防溺水，我知道

2.1.2　幼儿园墙饰的作用

1. 记录作用

主题墙饰是教师对教育内容的一个梳理过程，能反映活动内容，呈现学习的知识主线、暗线。它的优势在于主题墙饰因周期长而具有教育稳定性和持续性，能帮助幼儿明确做了哪些活动，为幼儿的学习提供交流、互动的平台。但这并不意味着主题墙饰完全固化，不进行更新，相反，应根据教学的推进、幼儿的发展进行动态调整。动态调整意味着主题墙饰的内容应根据教学进度及时进行调整、跟进。所以主题墙饰不仅是实现教育功能的途径，也是对幼儿学习内容的梳理。例如，“身体记录表”(见图2-1-6)、“问题大收集”(见图2-1-7)主题墙饰把幼儿在学习中的表现、表达记录下来，反映了孩子的参与过程以及发展过程。

2. 教育作用

如图2-1-8所示，主题墙饰在幼儿园中不只是一个装饰或宣传窗口，更是对幼儿开展教育的重要且有效的阵地。主题墙饰创设得科学合理，可以对幼儿健康、语言、社会、科学、艺术这五大领域的健康发展起到积极且显著的教育作用。幼儿园中的主题墙饰，即便是装饰，也是以达到某种教育目标为核心出发点的。也就是说，幼儿园的主题墙饰是作为一个功能性环境或工具来创设的，是幼儿园开展教育活动的重要组成部分和常规手段。因此，有人称幼儿园主题墙饰为“不说话的教室”。

幼儿园是对幼儿实施保育和教育的机构。幼儿园墙饰作为一种“隐性教材”，无疑在幼儿智力开发、审美能力的培养等方面发挥着独特的作用。因此，墙饰的设计除了要充分结合课程的内容和组织形式之外，还要让课程目标贯穿于整个设计过程。要把墙饰设计看作一种教育理念和课程模式的必要条件，依据其自身的特点为幼儿的身心发展提供最有力的支持，以此来丰富他们的知识经验。如图2-1-9所示，墙饰有助于丰富幼儿的认知，让幼儿在与墙饰的对话过程中获得各种不同的知识和技能，拓展他们的思维，并借环境培养他们良好的道德品质，形成良好的人格。

图 2-1-6　身体记录表

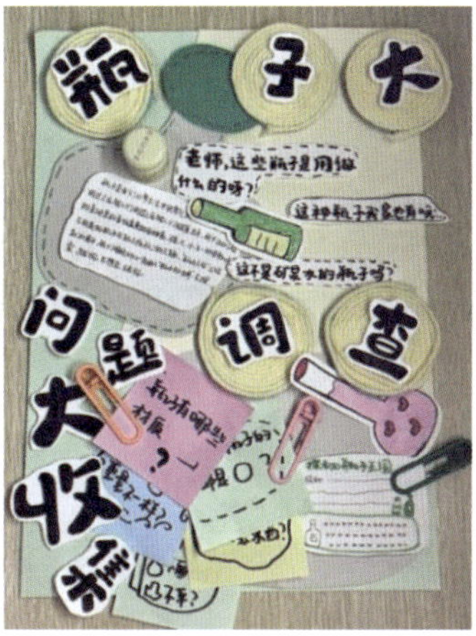

图 2-1-7　问题大收集

图 2-1-8　交通安全我知道

图 2-1-9　情绪漂流瓶

3. 操作作用

幼儿园所有的教育活动都是围绕幼儿展开的，也就是以幼儿为教育主体。这里所说的“以幼儿为教育主体”，是指幼儿的主体参与性，即不仅要让主题墙饰的内容、形式匹配幼儿，满足幼儿，而且要专门开辟出板块，供幼儿亲自动手参与，让幼儿成为主题墙饰(见图2-1-10)的设计者、制作者。例如，在教幼儿绘画之后，让他们把自己的作品粘贴到预留的墙面空间上，供大家观赏，并进行自由评比，看一看谁画得好。又如，教师带领幼儿将他们收集的不同触感的材料在美工课中制作成形态各异、充满童趣的手工作品(见图2-1-11)。在教师的引导下，幼儿将自己的作品挂在“触摸墙”上，增强了幼儿的自信心和成就感。

图 2-1-10　今天去哪玩

图 2-1-11　触摸墙

4. 展示作用

教师将本学期的教育内容融入主题活动中，并将探究过程和结果以照片、作品等形式展示在主题墙饰上。在展示性墙饰的设计过程中，设计者应遵循让幼儿参与的原则。展示性墙饰恰巧能够提供这样的机会，既能帮助幼儿梳理活动中获得的相关经验，又能提升幼儿的自信心和参与活动的热情。幼儿在教师的指导下把自己喜欢的剪纸、粘贴画、绘画等作品张贴在展示墙上，这一过程既让幼儿有机会展示自己的作品，也让他们得以欣赏其他幼儿的作品，使幼儿的情感、理解和想象得到充分的表达。

例如，在“我来探索线绳”(见图2-1-12)的主题墙饰制作过程中，幼儿通过剪、捏、拼、贴、拓等方式制作的手工作品以及用废旧材料做成的手工制品都可以用贴、挂、摆的形式“上墙”。这种给幼儿预留自主参与空间的策略具有很高的教育价值，在培养幼儿综合素质的同时，激励他们发挥创造力。

5. 家园联系作用

家园联系栏不只是家长的阅读栏，更是家庭与幼儿园的联系栏。它是家长和幼儿园联系的一个纽带，也是家长进入班级看到的第一道风景，所以它的内容要丰富，外观要漂亮。设计者要让家园联系栏真正成为班级的一道亮丽风景线。心理学原理也表明，家长合作的态度取决于合作是否满足他们在教育孩子方面的需要。当学校满足了家长的合理需求时，家长合作的愿望更热切。因此，“家园联系栏”(见图2-1-13)的重要性不言而喻。版面布置合理而美观的家园联系栏不仅能够让家长了解孩子在幼儿园的生活情况，还能够改善家园共育的开展，让家长更加理解幼儿教师的工作。所以，在新学期布置一个温馨、和谐的家园联系栏是幼儿教师的必备技能。

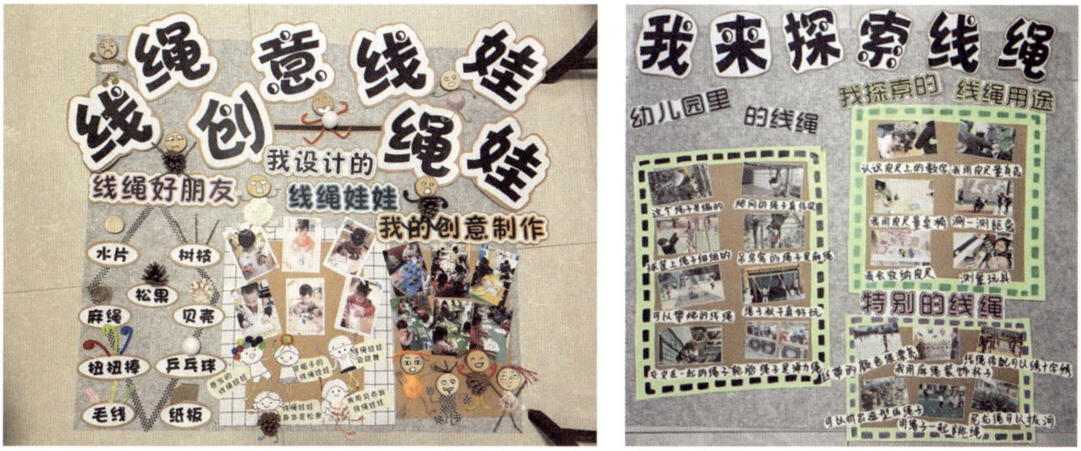

图 2-1-12　我来探索线绳

图 2-1-13　家园联系栏

2.1.3　幼儿园墙饰的设计要点

教师在设计幼儿园墙饰时，不仅要努力为幼儿构建一个愉快的视觉体验场，而且要积极引发和支持幼儿的游戏及各种探索活动。具体来说，要注意以下几点。

1. 符合幼儿的心理特点

在设计幼儿园墙饰时，应考虑从幼儿的兴趣、爱好出发，针对幼儿的认知特点和接受能力，在造型和色彩上顺应幼儿对事物认知的发展规律，力求使墙饰符合幼儿的心理特点。

大部分幼儿不能完整地观察事物，他们往往只注意自己感兴趣的部分，将事物简化或只看到事物的局部。因此，具有夸张、比喻、象征、抽象等手法的装饰画面很容易引起幼儿的兴趣。此外，在选择墙饰内容时，还应根据幼儿的年龄特征，结合各阶段教育的内容及各方面因素进行综合考虑，使墙饰内容既生动、富有童趣，又能紧密结合幼儿园的教育、教学，凸显实际的教育功能。

例如，“祖国是个大家庭”(见图2-1-14)主题墙饰设计融入了京剧、四大发明、民间游戏、“舌尖上的中国”等元素。京剧是我国的传统戏剧，是国粹。为了让幼儿了解京剧，幼儿园可开展“京剧脸谱主题墙”活动，让幼儿亲身体验国粹艺术的魅力，以此增进幼儿对国粹艺术的热爱之情。四大发明是中华民族智慧的象征，因此，教师有必要让幼儿了解我国的四大发明，知道它们对人类生活有着重大影响，并结合实际生活，探究四大发明在现代生活中的运用，再次感受中华民族的无边智慧和工匠精神。经历了此类活动后，幼儿将自豪于自己中国人的身份，增强民族认同感。

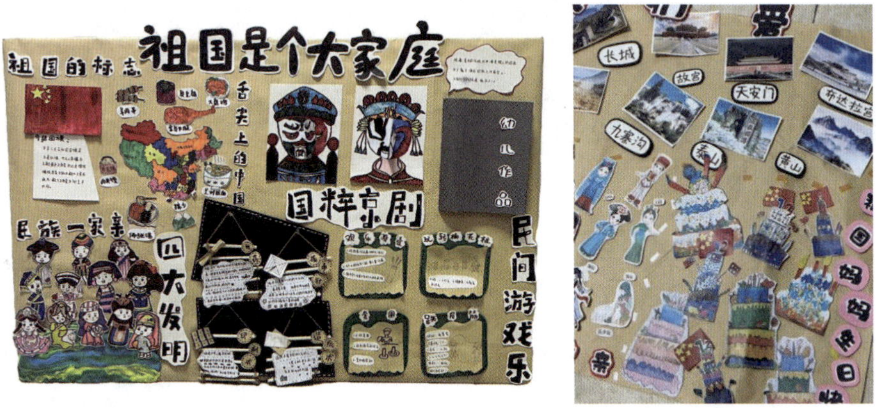

图 2-1-14　祖国是个大家庭

2. 主题构思新颖，核心立意独特

墙饰的设计不是一劳永逸的，一张画贴的时间久了，幼儿就不会去关注，墙饰也就失去存在的价值。墙饰设计要满足幼儿的需要和兴趣，就要在内容和形式上坚持动态性，只有富于变化的环境，才能有效满足幼儿园可持续发展的活动要求。幼儿园墙饰设计既要表现具体事物，又要让人印象深刻，便于识别、记忆。因此，其结构布局要雅致、清新，应巧用色彩、肌理等对比手法加强视觉效果，使墙饰设计醒目而富有情趣。可多用添加、排列、巧合、重复、夸张、变形、归纳等装饰手法，提炼、简化物象的造型。构图上尽可能简洁大方，注重画面结构、明暗、点线的穿插和组合，寻求意趣的独特性。

首先，在墙饰的变化上要充分考虑幼儿已有经验和发展水平，以及身心发展规律的动态性。因为个体之间的发展存在差异性，所以教师在对幼儿园墙饰做出适宜的变动时要充分考虑这种差异性，不断提出新问题，解决新问题，强化知识经验，以此来激发幼儿的内部潜能，让幼儿与环境之间的“对话”在一种有趣、生动、有意义的氛围中开展，从而实现墙饰的教育功能。总之，环境中的各种教育元素需要定期、有序地进行更新、调整以满足全体幼儿的发展需要。

其次，墙面上的内容也可根据活动主题的不同而更换。第一，墙饰的设计应避免形式单一和内容陈旧，应多添一些具有时代特征的内容，使幼儿了解当代社会，从小受到现代文明的熏陶。第二，墙饰的设计要适时捕捉自然环境与季节的变化。例如，表现种子的变化：在春天播种，充沛的雨水促使种子发芽、成长，展现出万物复苏的景象；夏天叶子郁郁葱葱，阳光透过叶间洒下，青涩的果实挺在枝头；到了秋天，大地披上了棕色的外衣，叶子飘落，饱满成熟的果实立在每棵树上；冬日大地休眠，寒风吹过，落叶归根(见图2-1-15、图2-1-16)。

图 2-1-15　种子的旅行记

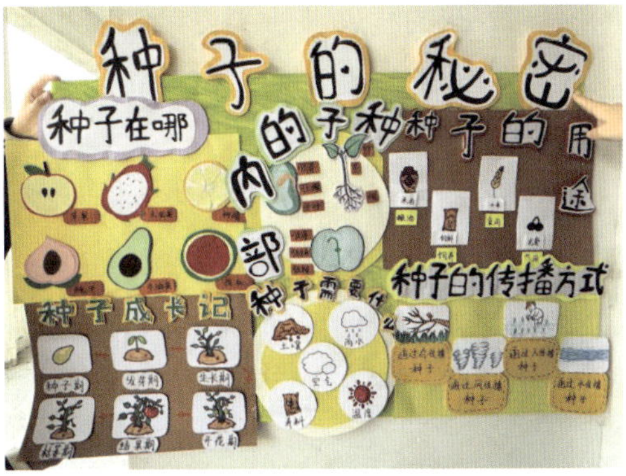

图 2-1-16　种子的秘密

这里的“适时”是指墙面既不能更新得太频繁，又不能一成不变。过于频繁地更新墙饰，会造成资源的浪费，降低所创设环境的实用价值。另外，幼儿园时期正是孩子秩序感养成的关键时期，过于频繁地更换墙饰，很容易引起孩子的不安全感，不利于孩子耐性的养成。反之，一成不变的墙饰无法保持对幼儿的吸引力，无法激发幼儿的兴趣，失去了它的存在意义，所以幼儿园墙饰的更换周期一般以一个月为宜。

综上所述，幼儿园墙饰的内容应根据周围的社会环境、自然环境的变化及幼儿认知能力的提高适时更换，使幼儿园的墙饰成为幼儿与知识经验沟通的桥梁。

3. 注重画面构图、情节的对比

利用形式上的对比表现内容的不同，也是绘画中常用的技巧。如图2-1-17所示，墙饰设计的韵律感和节奏美可以从对比与协调中产生。再看图2-1-18，画面中冷与暖、大与小、疏与密、白与黑的对比在视觉中展现出抑与扬、强与弱、虚与实、明与暗的反差等，能营造出平和与动荡、简约与富丽、高尚与卑微、欢乐与忧郁等感受。这些看似两极的事物实际上相辅相成，若处理得当，将会相得益彰。

图 2-1-17　金色的秋天

图 2-1-18　丰收的秋天

4. 应用多样的装饰手法与材料

色彩明快、造型夸张的形象既是幼儿容易接受和喜爱的视觉符号，也是容易激起幼儿模仿欲，调动其感官并使其留下深刻印象的艺术形式(见图2-1-19)。但需要注意的是，变形的幅度、夸张的程度要恰到好处，过度则显得荒诞。在物象基本结构基础上强化特征的变形才是具有美感、便于识别的装饰造型，切不可随心所欲地忽略其特点，失去造型本身的可视性。

此外，墙饰设计还要善于利用各种材料，采取多种形式进行构图，如利用树叶、树枝拼图(见图2-1-20)，利用布条粘贴小动物，利用彩线构造各种图案，利用铅笔刨花制作小工艺品，等等。这样的墙饰不仅内容丰富多样，形式活泼可爱，给人以新鲜感与真实感，而且可以给幼儿美的享受，使幼儿的性格得以塑造，情操得以陶冶。

图 2-1-19　创意美工区

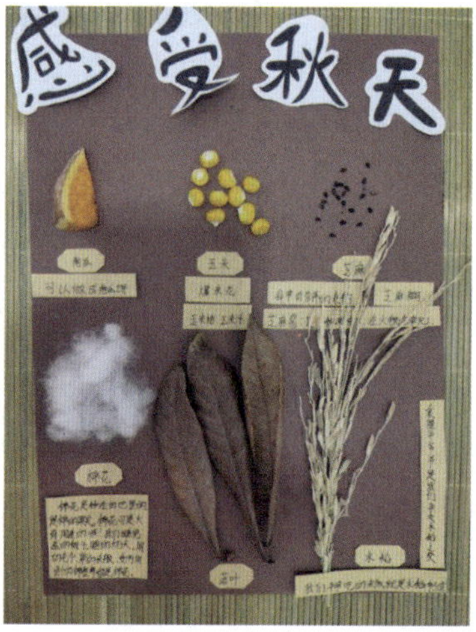

图 2-1-20　感受秋天

5. 力求与整体环境相协调

幼儿园墙饰是幼儿园整体环境的一部分，构思设计时需要在立意、构图上明确整体环境的基调，力求主题墙壁的装饰与周围的自然环境、人工环境(包括室内装修)相协调。此外，设计墙饰时还应根据幼儿园所处的地理环境、气候等外部条件进行合理的细化设计。例如，秋天是丰收的季节，也是万物即将沉睡的季节，装饰画的色彩应有所区别。如图2-1-21、图2-1-22所示，装饰不宜太花哨，应采用纯度相对较低的暖咖色系(淡黄、黄灰、咖色和枫叶红等)，再以适量对比色点缀其间，起到既不失童趣又可安定情绪的作用。

图 2-1-21　奇妙博物馆

图 2-1-22　落叶绘秋天

6. 提升整体设计意境

意境是色调、形象、造型等各种因素的综合产物。要想设计出能引人入胜的画面，需要设计者在作品里融入自己的思想感情。在追求意境时，应注意整体视觉效果，既要再现自然状态，又要使其比现实的事物更强烈、更集中、更典型，要提炼出现实的美，这样才能陶冶幼儿性情，激发幼儿求知欲望并激励幼儿探索。那么如何提升整体墙饰意境呢？可以从以下几个方面着手。

1) 选材

要选取最能表达主题内容、最具说服力的形象组合，以创造富有视觉冲击力的戏剧性画面，让墙饰会“说话”。

2) 取舍

去掉与主题无关的烦琐细节，巧妙精简画面的构架，全力突出景物的主要特征。

3) 修饰变形

强化墙饰造型的特点，修饰变形适当与否决定了整个墙饰设计架构的成败，所以修饰和处理造型能力的强弱也正是设计水平高低的关键。

4) 设色

意境是色调的升华，要利用色调烘托不同的意境，并善于抓住和表现特殊的色调美感，对色彩进行概括、提炼，加深画面的艺术感染力。

5) 材质与技法选择

通过选择合适的材质与技法，也能提升壁面设计的质量。如将插接、剪贴、浮雕、镂空等技法与各类材质的运用相结合，可以巧妙地增强画面栩栩如生的效果。

在设计幼儿园墙饰时，要有意识地追求环境的整体意境，决不能陷入图解式的描绘中。构思上的奇思妙想、构图中的和谐秩序、恰如其分的形和色，加上适当的材质，配上精湛的制作技巧，是优秀的墙饰作品不可或缺的组成部分。

任务2.2 幼儿园墙饰创设的基本要素

幼儿园主题墙饰属于空间艺术造型的范畴，隶属于工艺美术设计，因此幼儿园主题墙的造型设计也应遵循美术设计中对形式的要求。

2.2.1 主题墙饰的造型设计

1. 造型的基本要素

在形式美的法则里，多样与统一、对称与均衡、对比与协调、节奏与韵律、统觉与错觉等规则都建立在点、线、面三种基本要素的构成关系上，所以形象塑造离不开对这三种基本要素的认识。

1) 点

按几何学的一般概论解释，点是不占面积的。然而，作为造型要素的点却不同，当视觉感知到点时，它已具备一定的面积，甚至还有形状、颜色。在造型艺术中，点还可以是多边的几何形体(如圆形、水滴形、三角形、方形等)，或是具体的形状(如树叶、飞禽走兽等)。图2-2-1展示了一个童话绘本装饰墙，从图中可以看出，点的组合构成了点在画面中的空间感觉，可以利用点的排列、重叠、象形变化、虚实等方式制造出动感、远近感和节奏感。在幼儿园墙饰设计中，可以把画面中树叶间的关系看作单片大小点的重叠形式，也可以将林中的飞鸟和水里的游鱼的组合视为不同点的均衡形式，而点的象形组合也可以幻化出层出不穷的卡通形象。有时候主题墙饰并不会设计在一个完整的背景上，而是由多块小的版面组成，所以材料可以更加多样。

图 2-2-1 童话绘本装饰墙

2) 线

线是点的轨迹，在造型艺术中有着特殊的地位。和点一样，线的形态也极为丰富，并具有很强的情绪和情感表现力。它不仅仅是各类美术形式常用的造型方式之一，更是装饰设计中最重要的表现手段之一。在幼儿园墙饰设计中，对本较为规范的线条排列进行切换，不仅可以装饰画面，还能制造出奇幻的视觉效果，强化视觉的真实感受。例如，用栏框交叠而成的展示板(如图2-2-2中神奇的镜子)、用彩色线条排列绘制的树木丛林，都是较好的壁面装饰形式。比较有代表性的是利用线条制作主题墙面的打底设计，布置起来省时、省力，更换内容方便，而且可最大限度减小对墙面的损害。

3) 面

面是相对于点、线而言的，在视觉中比点大、比线宽。它是用线围起来的，充实在画面装饰中，具有稳定、厚重的视觉效果。在幼儿园墙饰设计中，大部分的物象都是通过自然形的面表现其生动效果的。面的大小、方向和明暗形成图形的空间关系，而分割在墙饰设计中就体现为平面的构架。例如，采用棉花团或者木边框做出固定的造型(如图2-2-3中的航天驿站)，一半固定、一半开放的设计最容易在短时间内做出成品。相同的背景色系列的元素，会使设计者布置主题墙饰时得心应手，而且能使墙面看起来和谐统一。

图 2-2-2　神奇的镜子

图 2-2-3　航天驿站

2. 造型的变形方法

幼儿园的墙面环境创设要符合幼儿特有的审美情趣，造型要富有童趣、生动活泼。这就要求创设者在进行墙面环境创设时充分考虑幼儿的年龄特点，塑造出幼儿感兴趣的形象。这主要表现在以下几点。

1) 简化法

简化法是在不失自然形象特征的前提下，力求达到造型上的简洁与单纯。在变化中要做到精心选择、删繁就简、 净化提纯，创造出个体美感强的图案形象(如图2-2-4中的防疫小贴士)。例如，在“家园驿站”的主题墙饰上用棉花拼出绵羊的外形特征(见图2-2-5)，使其形象更加鲜明。

图 2-2-4　防疫小贴士

图 2-2-5　家园驿站

2) 夸张法

夸张法是指形象的夸张与变形处理。将夸张和变形的手法适当地运用于形象的基本特征，使外形大的更大，小的更小，胖的更胖，瘦的更瘦；在精神特征上，使笨拙的更笨拙，机灵的更机灵。这样可使所表现物体的形象更鲜明、生动、充满童趣，使幼儿感到亲切。图2-2-6中“病毒的秘密”主题墙饰展示了夸张法的运用。

图 2-2-6　病毒的秘密

3) 添加法

添加法是在简化或夸张的基础上，把具有典型特征的形象合乎情理地结合在一起，充实与美化图案形象，达到构图饱满、变化丰富、主题鲜明、装饰性强的效果。例如，可以在主题墙上贴上好看的纸板，搭配中式窗格设计，装饰清新的自然物或仿真自然物，如图2-2-7所示，这样的主题墙让人百看不厌。各区域的吊饰可以按照相同的套路来制作，使其风格更统一。

图 2-2-7　你好，小学

添加法还包括为形象添加适宜的场景。为画面所要表现的形象添加适宜的场景，也可以起到突出形象的作用，使形象更加符合区域墙面的要求，更加符合幼儿生活经验的认知，从而使幼儿在墙面环境中得到教育和启发。

4) 拟人法

拟人法是指对画面进行拟人化处理。画面的拟人化是通过对所塑造的动植物、物品等形象赋予人的表情、动作、活动方式等来实现的。幼儿往往认为所有物体都是有生命的，画面拟人化后，往往能够引起他们的兴趣，给幼儿带来舒适、快乐的感觉(见图2-2-8)。

图 2-2-8　三只小猪

5) 求全法

求全法是指把违反常规的事物组合在一起，使其具有美好寓意。例如，“汽车叭叭叭”主题墙饰(见图2-2-9)将不同种类的车和交通标志组合在一个板块上，打破了时间和空间的局限，满足了幼儿追求完美的愿望。

图 2-2-9　汽车叭叭叭

6) 几何法

几何法是指抓住物象的特征，根据工艺制作、设计要求，把变化的物象处理成几何形，如三角形、圆形、方形、折线形、弧线形等(见图2-2-10、图2-2-11)。

图 2-2-10　我是好孩子

图 2-2-11　我是小小艺术家

2.2.2　主题墙饰的色彩设计

在进行墙面装饰的过程中，颜色的选择和运用也很关键。色彩的协调和美感直接影响幼儿的兴趣和情绪，所以在色彩的选择与搭配上，要充分考虑幼儿的感受和心理特点。幼儿大多更喜欢单纯、明快、热情的暖色，不喜欢深沉、灰暗、阴冷的色彩。

1. 色彩的基本概念

1) 色彩三原色：红、黄、蓝(见图2-2-12，三原色可以混合出所有的颜色)。

2) 有彩色系：包括可见光谱中的全部色彩，以红、橙、黄、绿、蓝、紫等为基本色。

3) 固有色：物象自身本来的颜色(决定物体的色调)。

4) 光源色：光的色彩(硬性物体受光部的色彩)。

5) 环境色：物体受周围环境影响而呈现的色彩。

6) 补色：色环中相对的色为补色，对比最强(两种以适当比例混合后而呈现白色或灰色的颜色，如黄紫、红绿等)。

7) 同类色：色相类别相同的色为同类色(色相性质相同，但色度有深浅之分，如柠檬黄、中黄等)。

8) 色彩三要素

(1) 明度：指色彩本身的明暗度。例如，柠檬黄比大红、土黄明度高。一种颜色调和其他色后，明度会发生相应的变化，例如，朱红加浅黄，明度会提高。

(2) 纯度：也称饱和度，指原色在色彩中所占据的百分比。三原色纯度最高。凡是能靠视觉辨认出来的颜色都有一定的纯度，纯度的高低取决于调和次数和颜色中所含的黑、白、灰的量的多少。

(3) 色相：指色彩的原有色彩倾向。例如，红苹果的色相为红色，菠菜的色相为绿色。图2-2-13展示了一个色相轮。

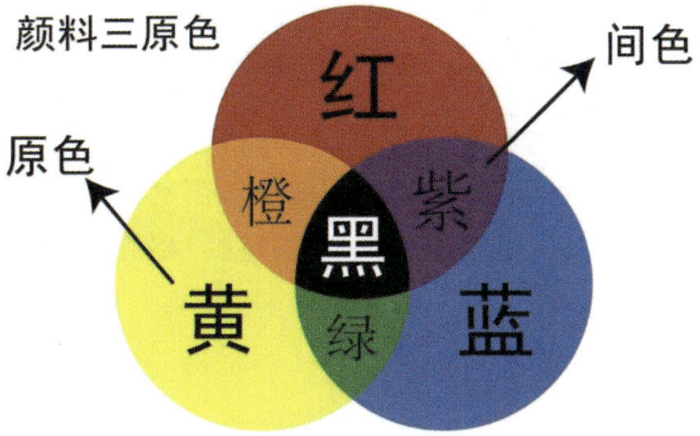

图 2-2-12　色彩三原色

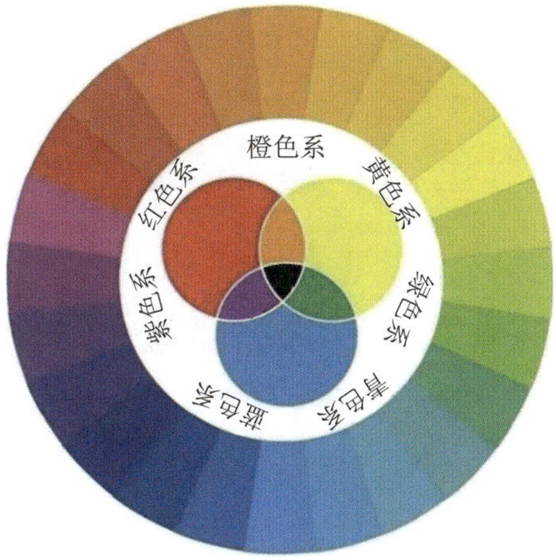

图 2-2-13　色相轮

2. 装饰色彩的运用法则

幼儿园环境创设的色彩在应用上要遵循幼儿的审美情趣、心理感受和生理反应的特点，应具有清新明快、鲜艳而不失雅致的风格。每所幼儿园在应用色彩时都要考虑自身情况，选择富有特色又具有时代象征意义的主色彩。主色彩是一所幼儿园的象征色和标准色，它引领幼儿园色彩的主流，使之规范化、整体化。主色彩主要体现在墙面、地板、家具等大面积装饰的地方，要尽量选用明度高且纯度偏中的色彩，如浅蓝、粉红、浅黄、浅紫等。另外，每所幼儿园在决定主色彩时，还要充分考虑幼儿园所处的地域，如我国西南地区阴雨天气多，温差大，气候凉爽，寒冷时间长，可选用明度高且纯度偏中的暖色；南方地区气候炎热、湿润，宜选用浅淡的绿色和蓝色；北方地区可选用纯度稍高的暖色。同一地区的不同朝向、不同环境的幼儿园选用主色彩时也应有所区别。朝阳的环境光照多，色彩可偏冷；阴暗的环境宜选择明度极高且偏暖的色彩。

1) 色调处理

色调即色彩的基调，也就是色彩的一种基本倾向。色彩协调是指由两种或两种以上的色彩按比例、有次序地组合在一起，使人感觉愉快和舒适的色彩组合搭配。如图2-2-14所示，色彩的协调并不是唯一的色彩组合，有时不协调色也会产生富有表现力的效果。以上规则在幼儿园墙饰设计中影响着作品整体氛围的视觉效应，是设计墙饰作品不可或缺的常识。不同的色调能营造出不同的环境氛围，例如，某幼儿园音乐活动室(见图2-2-15)以暖咖和象灰为主色调，色相对比使整个环境达到协调统一。

图 2-2-14　欢度中秋

图 2-2-15　打击乐器

2) 色彩对比

在色彩关系中，并不是色彩用得越多越好，如图2-2-16所示，对比关系既要鲜明又须统一。在有序的色彩中，适度加强或减弱某些对比，使之顺应视觉中的次序和节奏，是色彩对比的关键。在色彩对比法则中，当两个色块并置在一起时，它们就会产生对比。根据对比的种类，色彩对比可分为色相对比、明度对比、纯度对比、冷暖对比、补色对比。

图 2-2-16　天气我知道

3) 色彩的象征性

如图2-2-17所示，色彩的物理效应、生理效应及心理效应的关系会直接影响现代设计和装饰中色彩的传达效果。每种色彩都有自己的象征意义，这为墙饰设计提供了意境形成的指向。合理运用色彩的象征性，可获得意想不到的心理效应，增强视觉效果，促进幼儿心理的健康发展。

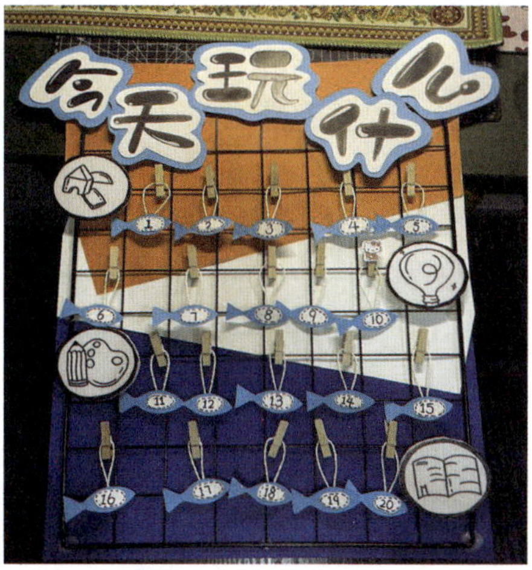

图 2-2-17　今天玩什么

任务2.3　幼儿园墙饰基本创设技能实训

幼儿园常规墙饰中的大型壁画、雕塑等大多是由专业的画家建筑师或工艺师为之量身定做的，保存的时间也较长久。壁画、雕塑等所在的场所、方位、结构、视觉效果、材料选择、制作方法等均须经周密考虑和研究，因此设计者必须具备较强的美术专业技能才能完成创作。学前教育专业的学生对其进行初步了解即可。而小型常规墙饰、主题墙饰及互动性墙饰的设计与制作则是每个幼儿园都不可缺少的常规工作，也是幼儿园教师必须掌握的职业技能，因此有必要进行详细介绍。

2.3.1　平面剪贴墙饰的创设

幼儿园墙面装饰艺术是幼儿园环境艺术创设的重要组成部分，是对幼儿园环境的再创造工程。它主要依据幼儿的审美情趣和其特殊的身心发展规律，充分利用富有童趣的造型和各种表现手法，重新体现能够引起幼儿兴趣的故事情节、生活体验等，使幼儿通过艺术制作的形象画面去重新感受生活，增长见识。

幼儿园墙饰有绘制的，也有粘贴的，还有利用废旧物品改造而成的，表现技法丰富多样。一般情况下，在活动区、学习区、生活区、休息区的壁面上布置的小型常规墙饰和主题墙饰大多采用绘制手法和平面拼贴法，并选用便于更换又比较安全的低成本材料。对于门窗，多采用玻璃粘贴法。在探索区、生活区和走廊间，多布置一些互动性墙饰，这类墙饰可因地制宜、就地取材、因材施艺，创造性地运用各种材料或废旧物品，如贝壳、树叶、鹅卵石、塑料瓶、纸盒、纽扣、羽毛、果壳、布料、麻绳、纸张、泡沫板等。

平面剪贴装饰画的制作工具和材料一般有铅笔、剪刀、刻刀、小镊子、乳胶、双面胶、胶水、固体胶等。由于人工肌理是装饰因素之一，在制作过程中需要运用一些特殊的技巧进行特别处理。运用不同的材料，融入不同的技巧，会产生不同的艺术效果。常用的简便易行的处理技法有以下几种。

1. 平贴法

平贴法是指用有色美术卡纸、吹塑纸、粉彩纸、瓦楞纸、海绵纸等材料剪刻出夸张的人物、动物、植物等，然后将剪好的造型合理、巧妙地粘贴在一起，完成壁画的整体制作。例如，将黑色卡纸剪成各种建筑物造型，然后把它们拼贴起来，形成一幅美丽的壁画。在平贴法材料中，吹塑纸是幼儿园墙饰制作中经常使用的材料，其特点是轻便、淡雅。以吹塑纸为主要材料时，应配以其他色彩丰富的材料，如植绒纸、各种布料、旧挂历纸、画报等，巧妙地进行拼贴，使之具有浅浮雕感。

2. 边缘弯曲法

边缘弯曲法是指在平贴法的基础上，将剪好的纹样边缘略微弯曲成一定弧度，使单薄的美术卡纸变成具有立体感的装饰物，且粘贴时应讲究前后、高低的区别和色彩协调等艺术效果。

模拟实训 1：平面剪贴墙饰的创设

人在成长过程中时刻在变化着，无论是外貌、身体机能，还是智慧、心理……外界的因素、内在的因素都能影响人的成长。吃，是能直接促进身体成长的因素，也是小朋友们最感兴趣的话题。食物有哪些类别，有哪些好吃且有营养的食物，怎么吃才能吃出健康，等等，都是小朋友之前从未关注的话题。本主题墙饰的活动设计将以食物作为整个主题墙饰的设计脉络。让我们回忆常见的蔬菜、豆制品、发酵食品、调味品等，感知食物的丰富性和多样性，感受人类加工食品中暗藏的智慧。在包饺子的过程中要明白不同的食物具有不同的营养价值。均衡进食对于人体健康具有积极的意义。在探索有关垃圾食品的活动中，让幼儿目睹垃圾食品的可怕，从而帮助幼儿自觉养成少吃垃圾食品、均衡进食的良好饮食习惯。

【实训目标】

1) 加强学生对平面剪贴墙饰的创设技法的理解与应用。

2) 能根据幼儿特点科学地设计平面剪贴墙饰，具备将幼儿园相关理论知识与实际结合进来进行创设的能力。

【实训要求】

1) 参考图2-3-1，以“吃得香，长得棒”“光盘小能手”等相关内容为主题，分别设计适合小、中、大班幼儿的平面剪贴墙饰。

2) 写出设计方案，说明自己的设计思路及实施方法。

图 2-3-1　吃得香，长得棒

【实训考核】

实训结束后，根据表2-1所示的评分标准为学生的设计评分。

表2-1　评分标准

评分项目		分值	实际所得分值
设计方案	客观性	20	
	科学性	20	
	创新性	20	
分享过程	条理性	20	
	表述简练性	20	
合计		100	

2.3.2　半立体造型剪贴墙饰的创设

半立体造型剪贴墙饰多以纸雕和泥雕呈现。半立体造型装饰画是介于立体图画和平面剪贴画之间的一种艺术表现形式，设计者在平面材料上对某些部位进行立体加工，使之在视觉上和触觉上都具有立体感。以半立体纸雕为例，在构思设计时，需要考虑切、剪、折、卷、歪、粘的衔接和立体造型的精美，利用自然纸张的纹理效果体现半立体纸雕的独特性，创造出比现实生活更典型、更美好的景物。

1) 在设计上注重动静对比的节奏感，既强烈有序，又略有变化，在重复中求丰富。

2) 选择恰当的表现手法。花、鸟、树等物象都有千姿百态的造型特点，采用哪一种造型是需要重点考虑的问题，造型方式将直接影响主题的表达效果。

3) 如果是抽象或写实风格的设计，整幅墙饰的设计风格应统一。

4) 注重质感搭配。纸张质地有厚薄的差异，大的造型宜选用较厚且较硬的纸，小的造型宜选用薄而易折的纸，纸张以富有弹性、易于折叠和弯曲为最佳。纸雕色彩主要依赖于美术卡纸本身的颜色以及各种纹理，例如，云彩纸、岩纹纸、粉彩纸等现代新型纸张本身的纹理不同，做出来的纸雕的效果也有所差异，所以选择合适的纸是制作纸雕装饰画的前提。

基本技法

制作半立体纸装饰画所需的工具有：用于修剪轮廓的剪刀、用于裁切纸张的美工刀、用于切割线条的笔刀、用于固定图样的回形针、用于组合粘贴的黏合剂(如树脂胶、玻璃胶等干后透明的胶材)，以及直尺、铁尺、三角尺、量角尺、垫板等。

1) 剪开

用剪刀沿剪开线(在制作图中为实线)剪开，或用刀沿线切开(注意要将纸完全切透)，然后把剪开的部位按一定角度重叠粘贴，形成凹凸造型。

2) 勒压

勒压也称为半切，其目的是使较厚的纸张便于折叠。制作时用刀在纸面上沿勒压线(在制作图中为虚线或点面线)轻划，割到纸厚的1/3 左右，较薄的纸张可用无油的圆珠笔或铁笔深划一下。

3) 折叠

按折叠方式的不同，折叠可分为曲线折和直线折。其中，圆的折叠是曲线折的一种特殊形式，其具体折法如下：用圆规在纸上画圆，剪下圆形的纸片后，分别在纸的两面沿线勒压，再剪出一条半径，折出凹凸造型后，收拢并粘贴一部分即可完成。

模拟实训 2：半立体造型剪贴墙饰的创设

秋天是一个多彩的季节，也是一个丰收的季节，大自然的变化让孩子们充满了好奇。本主题中，我们将和幼儿一起去欣赏秋天多姿多彩的落叶，品尝诱人的瓜果，感受美丽的色彩和丰收的喜悦；一起去寻找秋天的声响，聆听自然界中的鸟鸣、虫鸣、风声、雨声等各种美妙的声音，感受它们带给我们的无限遐想；一起去收集落叶、花瓣，捡拾枯枝、野果，把秋天的事物叠加成一幅幅动人的画面，编织成一个个有趣的故事。幼儿在秋天里感受着大自然的给予，发展着自己的智慧，亲近大自然、热爱生活的情感被一点一滴地激发出来。

【实训目标】

1) 培养学生根据幼儿特点设计具体主题的半立体造型剪贴墙饰的能力。

2) 培养学生利用不同材料为幼儿创设具有氛围感的主题墙饰的能力。

【实训要求】

1) 参考图2-3-2、图2-3-3，以“秋天的脚步”为主题，分别为小、中、大班幼儿设计半立体造型剪贴墙饰。

2) 写出设计方案，说明自己的设计思路及实施方法。

图 2-3-2　遇见秋天

图 2-3-3　再见秋天

【实训考核】

实训结束后，根据表2-2所示的评分标准为学生的设计评分。

表2-2　评分标准

<table>
<tr><th colspan="2">评分项目</th><th>分值</th><th>实际所得分值</th></tr>
<tr><td rowspan="3">设计方案</td><td>客观性</td><td>20</td><td></td></tr>
<tr><td>科学性</td><td>20</td><td></td></tr>
<tr><td>创新性</td><td>20</td><td></td></tr>
<tr><td rowspan="2">分享过程</td><td>条理性</td><td>20</td><td></td></tr>
<tr><td>表述简练性</td><td>20</td><td></td></tr>
<tr><td colspan="2">合计</td><td>100</td><td></td></tr>
</table>

2.3.3　综合材料造型墙饰的创设

材料与环境是幼儿探索活动的有力支撑，是幼儿探索活动的“无形教师”。材料，特别是废旧材料，是取之不尽，用之不竭的。从活动室到幼儿园，从家庭到社区，这些地方都是幼儿探索活动的“大仓库”。在幼儿园环境创设过程中，应该充分利用各种废旧材料，让废旧物“活”起来，有效推动幼儿的探索活动，使幼儿尽情、尽兴地探索他们的世界。例如，精心打扮的秸秆盖帘和瓶盖变成了萌萌的笑脸娃娃；彩绘的蒸屉和木制的动物，彰显着古朴的原生态；利用竹编簸箕的形态，巧妙地为它加上手脚，它瞬间变成向上攀登的样子……让幼儿利用废旧物品进行主题墙创设，让小小的废旧材料都有其不同的利用价值，收集的过程是幼儿自主的过程，也是学习的过程。

幼儿可以收集自己喜欢的废旧物品，并在无形中激发他们对各种材料进行认知与探究的积极性。生活中的边角料和废旧材料随处可见，在幼儿园里，这些材料都是可利用的资源。只要细心收集，巧妙利用，经过剪、刻、拼贴等工序，就可以得到一幅优美的装饰画。不同的材料组合需要不同的工具，常用的工具有尺、小刀、剪刀、黏合剂、钢丝钳、小锤、螺丝刀等。

1. 设计构思

综合材料组合装饰画在表现形式上主要有两种：一种是抽象化造型，即从具体物象中抽象出一种特殊的美感，将自然的事物与抽象的图结合在一起，如将树木、昆虫拟人化，使其具有装饰美感；另一种是写实造型，即较为真实地反映出某个具体人、具体场景、具体情节，给人以写实的艺术美。综合材料装饰画水平的高低并不完全取决于材料的价值，也不完全取决于装饰加工的复杂程度，而是取决于设计的巧妙程度和材料的运用情况。只有对生活进行细致入微的观察，并选择恰当的装饰材料，才能带来巧妙的艺术构思。因此，创造性的构图和色彩搭配，才是变废为美的关键。

2. 选材与制作

生活中的废旧材料都可以收集起来，利用巧妙的构思组合成装饰画。可选用的材料主要有以下几种。

天然材料：竹子、秸秆、花瓣、树皮、蛋壳、羽毛、兽皮、沙和石子等。

纺织材料：毛线、绒布、斜纹布、丝绸、牛仔布、粗麻布等。

纸质类材料：皱纹纸、瓦楞纸、美术卡纸、植绒纸、吹塑纸、报纸、金银纸、画报、邮票、糖纸等；各种纸袋、纸箱、鞋盒、饮料盒等。

生活废旧材料：草帽、扇子、草席、藤垫、窗纱、旧头饰、茶杯垫、饮料瓶、易拉罐、火柴盒、花生壳和瓜子壳等。

人工废旧材料：胶合板、窗花、锯末、塑料地板、金属片、废电线和金属边角余料等。

模拟实训 3：综合材料造型墙饰的创设

幼儿从小就会在父母的引导下形成一定的“环保从我做起，从身边做起”的理念，我们应该在此基础之上有意识地引导幼儿从小养成垃圾分类的好习惯，让幼儿通过和环境互动，了解垃圾分类的方法。幼儿可以从主题墙饰中认识到日常生活中的垃圾分类、垃圾的害处、垃圾的回收再利用等，并与自己的同伴交流、分享，这有利于幼儿初步建立“知分类，懂分类，愿分类”的良好生活习惯，有助于达到“教育一个孩子，影响一个家庭，带动一个社区”的目的，实现人人参与垃圾分类，共建美丽家园的愿景。

【实训目标】

1) 培养学生运用综合材料进行主题墙饰创设的能力。

2) 提高学生运用理论知识解决问题的能力。

【实训要求】

1) 参考图2-3-4、图2-3-5，以小组为单位，自拟主题，分别为小、中、大班幼儿设计互动性墙饰。

图 2-3-4　垃圾分类

图 2-3-5　绿色家园梦

2) 写出设计方案，说明自己的设计思想及实施方法。

【实训考核】

实训结束后，根据表2-3所示的评分标准为学生的设计评分。

表2-3　评分标准

评分项目		分值	实际所得分值
设计方案	客观性	20	
	科学性	20	
	创新性	20	
分享过程	条理性	20	
	表述简练性	20	
合计		100	

2.3.4　互动性墙饰的创设

互动性墙饰主要是指以传递幼儿与幼儿之间、教师与幼儿之间信息为目的的墙饰。它的主要作用在于实现教师与幼儿、幼儿与幼儿之间的有效沟通，实现家长与教师的通力配合。

1. 互动性墙饰的分类

互动性墙饰主要包括师幼互动性墙饰和家园互动性墙饰。

1) 师幼互动性墙饰

瑞吉欧教育理念十分强调教师与幼儿间有效的互动合作。在师幼互动性墙饰创设中，幼儿不仅能够成为墙饰制作过程的参与者，而且能自由地操作墙饰中的材料，如增添或去掉墙饰中的物品，改变墙饰中的内容，等等。幼儿在饭后休息时、早晨来园时，能够自由地摆弄、操作、调整甚至更换墙饰中的材料和物品，这就体现了互动性墙饰的开放性，同时可使幼儿在操作过程中学会一些技能，达到自我教育的目的。

2) 家园互动性墙饰

《幼儿园教育指导纲要(试行)》中明确指出：“家庭是幼儿园重要的合作伙伴。应本着尊重、平等、合作的原则，争取家长的理解、支持和主动参与，并积极支持、帮助家长提高教育能力。”家园互动性墙饰往往是幼儿园墙饰设计过程中容易忽视的环节，良好的教育效果需要家长和幼儿园的通力合作，而互动性墙饰则起到了在家长和幼儿园之间搭建有效桥梁的作用。在家园互动性墙饰的设计上，教师要及时了解家长的需要，例如，小班幼儿家长最关心的是孩子在幼儿园的生活情况，教师可以通过浏览“家园联系墙”等互动性墙饰，了解到教师在幼儿家庭教育中的责任，了解幼儿身心发展的阶段特点，以及全新的家教理念。同时，为家长设置意见栏，及时听取家长的意见、建议，使家长真正成为幼儿教育的参与者。

2. 三种功能墙

幼儿园主题墙饰设计一定要让小朋友参与进来，才能获得更长久的生命力，对孩子的发展才能有更多切实的益处。因此，三种功能墙(绘本墙、触摸墙、拼画墙)的制作非常有实用价值。

1) 绘本墙

在幼儿园的楼道上，最吸引眼球的就是绘本墙了，它会让所有的家长、孩子都眼前一亮，让来园参观的老师们都停下脚步仔细观看。绘本墙可能会出现在幼儿园的楼道上、走廊里，或班级中的一面墙上，就像是一本被放大了好几倍悬挂在白净墙面上的图书。绘本墙上有趣的绘本人物一个个地展现，还有部分生动的故事情节描述，怎能不让人留恋？

幼儿停下脚步的同时，还可以随手拿起有关这面绘本墙的绘本，坐在走廊上阅读。孩子们喜欢的《小猪佩奇》《父与子》《米老鼠与唐老鸭》等生动有趣的故事通过放大绘画的方式被搬到墙上，不仅美化了走廊、楼道，还让孩子在不经意间阅读绘本，畅游在绘本海洋的世界。绘本的阅读能培养幼儿积极、健康的情感，塑造幼儿的完整人格，因此得到了家长和教师们的重视，对幼儿进行情感方面的教育。孩子们在经过楼道的时候，也可以拉着自己的爸爸妈妈一起观看。有的孩子怀着好奇心，仔细阅读绘本后，还自己设计了一件新背心。看，你更喜欢哪件新背心呢？除了绘本墙面，教师的提示语和幼儿对绘本的解读也很重要，可以将幼儿在阅读绘本后的延伸活动展示在绘本墙上。

2) 触摸墙

启动幼儿感官通道。“你想感受一下吗？”“这是个怪兽，这里也有一个怪兽”“不是怪兽，这是机器人”“让我摸一摸这个小球，真好玩！”“摸摸看，到底是什么感觉呢？”“咦？怎么还有些硬硬的感觉？”这些对话都是在一个角落里发生的，孩子们正通过视觉、触觉感受着触摸墙，在触摸的时候能够感受到不同种物品摸起来的感觉。

《幼儿园教育指导纲要(试行)》指出：“环境是重要的教育资源，应通过环境的创设与利用，有效地促进幼儿的发展。”《3～6岁儿童学习与发展指南》也指出：“幼儿的思维特点以具体形象思维为主，应注重引导幼儿通过直接感知、亲身体验和实际操作进行科学学习。”触摸墙不仅是一种美观的装饰，能给幼儿带来视觉上的冲击，而且能让幼儿在触摸中发展触觉，通过与触摸墙的互动，感知物体的软硬并获得其他不同的感觉体验。它更直观、更形象，让幼儿能在感官感知中学习、成长。将收集的材料拼成一幅幅有趣的图案，更能吸引幼儿进行观察和探索。怎样才能创设一面有主题、不凌乱、拥有多元材料，且幼儿喜欢的触摸墙呢？首先，我们应在日常生活中取材，触摸墙常用材料有贝壳类、布类、毛毯类、石子类、金属类、毛刷类、泡沫类、塑料类、草绳类、竹木类，以及其他综合类材料，如生活中的物品。教师可以选择一个主题，然后与幼儿共同收集需要的材料，依照一定的方式有条理地摆放物品。可根据形状、软硬、粗细等对材料进行合理分类，也可按照形状的拼接错乱地摆放，最后选择合适的粘贴方式将材料固定在墙上。

3) 拼画墙

幼儿园的走廊、楼道口，以及班级中的每一面墙都是教师和幼儿共同发挥创意的场地。在教学中，应有效利用每一面墙，打造能让幼儿发挥想象力并允许他们在相应的活动中互动的环境，从而发展幼儿的精细动作。墙面上的拼画可以实现幼儿园环境的可操作性。

教师通过环境对幼儿进行生动、直观、形象和综合的教育，以及对幼儿进行全面的信息刺激，能让幼儿直接获得一种情感的体验和智力的启迪，从而促进幼儿的全面发展。拼画墙是幼儿与同伴、教师之间拉近距离的平台，能帮助幼儿积累活动经验，提高幼儿的能力水平。在利用拼画墙进行活动时，应知墙面活动不只是墙面装饰活动，更是一种室内活动。幼儿可以直接在阳台、楼道、门厅等活动场所进行多种活动，比如钻、爬、投掷等大肌肉活动，或者手指、脚趾等的小肌肉活动；活动形式可以是有组织的集体活动、小组活动，也可以是自由分散的创造性活动。

模拟实训 4：互动性墙饰的创设

案例：以故事《猫头鹰爸爸的茶会》为主题的绘本墙饰设计。

这是一个阳光明媚的早晨，猫头鹰爸爸拿出他最心爱的茶壶，笑眯眯地看着正在玩耍的小猫头鹰。

猫头鹰爸爸：今天真是个好日子，下午的阳光也正好，我们来举办一个温馨、安静的小茶会吧！

小猫头鹰：只有我们吗？可以邀请可爱的小兔子邻居吗？

猫头鹰爸爸：那些小兔子总是蹦蹦跳跳，到处乱跑。

小猫头鹰：那粉色猪呢？他可以来吗？他总是背着我去田野里玩耍，爸爸，求求你啦！

猫头鹰爸爸：粉色猪是个活泼的好孩子，但今天不行，你忘啦，上次妈妈过生日的时候，粉色猪兴奋地把奶油面包拱得到处都是。

小猫头鹰：那蜜蜂呢？他们可以来吗？

猫头鹰爸爸：好吧，我的宝贝。他们可以来，但你要做好准备，蜜蜂对谁都不耐烦。

旁白：就这样，他们最后决定只让猫头鹰爸爸和小猫头鹰两个人参加茶会。

他们没有留意一个大问题，蜜蜂那边负责打听的小耳朵听到了整件事。

蜜蜂：喂！(压低声音)你知道吗？猫头鹰爸爸要举办茶会，我们全都没有受到邀请(沮丧)。

但是因为距离较远，小蜜蜂的话，兔子听得模模糊糊、断断续续的，以为大家都被邀请了，便蹦蹦跳跳地找到了粉色猪。

兔子：猫头鹰爸爸要举办茶会，我们全都受到了邀请。

茶会中。

当猫头鹰爸爸举起他最心爱的茶杯，优雅地送到嘴边时，小猫头鹰听见熟悉的嗡嗡声，发出了响亮的欢呼声。

小猫头鹰：耶！爸爸，你看！

猫头鹰爸爸：好吧，既然你们已经来了，不妨都坐下吧，我们注定要拥有一个愉快的下午。

就这样，猫头鹰爸爸的茶会最终变成了一个热热闹闹、无比成功的大派对。

《猫头鹰爸爸的茶会》这个故事生动有趣，不仅可以让小朋友们体会到分享、宽容与和平共处的重要性，也可以激发出小朋友们对茶会的兴趣，从而使其进一步了解一些有关茶文化的知识。中国是茶的故乡，中华茶文化源远流长，博大精深。

【实训目标】

1) 培养学生根据幼儿感兴趣的自创小故事进行互动性墙饰创设的能力。

2) 提高学生将绘本故事与互动性墙饰、活动区角有机结合的能力。

【实训要求】

1) 参考案例与图2-3-6，以小组为单位，自拟绘本故事，分别为小、中、大班幼儿设计互动性墙饰。

2) 写出设计方案，说明自己的设计思路及实施方法。

图 2-3-6　猫头鹰爸爸的茶会

【实训考核】

实训结束后，根据表2-4所示的评分标准为学生的设计评分。

表2-4　评分标准

评分项目		分值	实际所得分值
设计方案	客观性	20	
	科学性	20	
	创新性	20	
分享过程	条理性	20	
	表述简练性	20	
合计		100	

课后习题

1. 幼儿园主题墙饰的设计要点有哪些？作用有哪些？
2. 如何提升幼儿园主题墙饰的整体设计意境？
3. 幼儿园主题墙饰创设的基本要素有哪些？

【幼儿教资考点聚焦】

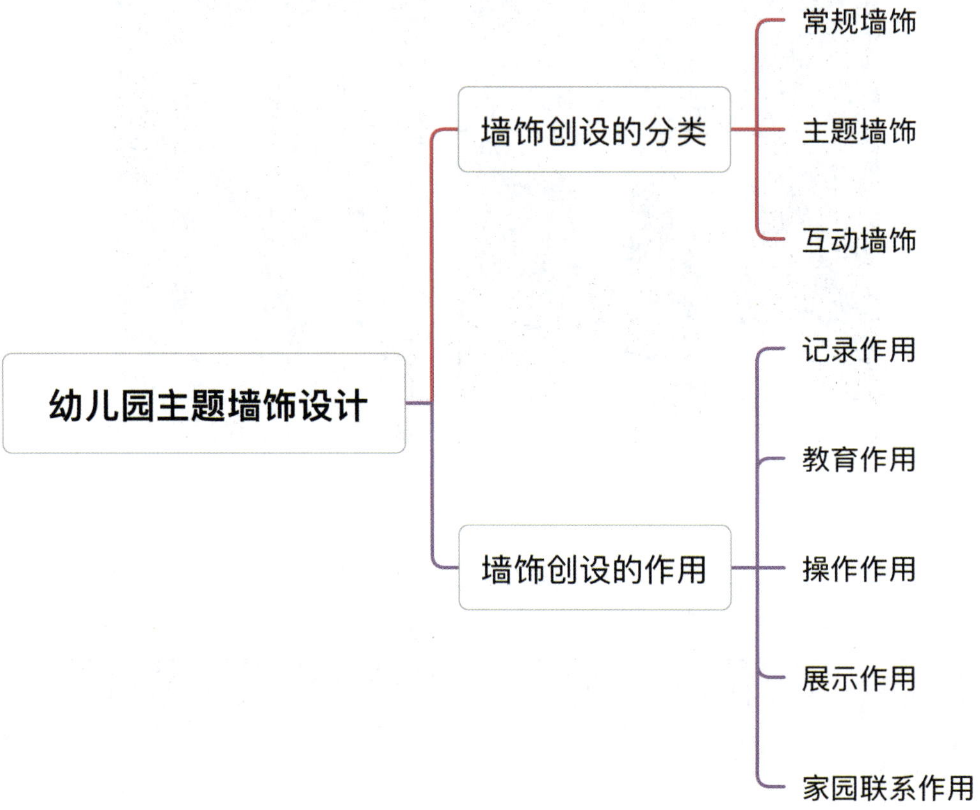
幼儿园主题墙饰设计
墙饰创设的分类
常规墙饰
主题墙饰
互动墙饰
墙饰创设的作用
记录作用
教育作用
操作作用
展示作用
家园联系作用

【往年教资真题再现】

1. 在创设春天的主题墙饰时，教师先设计了一面“春天大自然有什么变化”的问题墙，而后又呈现了幼儿户外寻找春天秘密的图片、作品等。这种环境创设属于（　　）创设。

A. 填充式创设　　B. 观赏式创设　　C. 立体创设　　D. 平面创设

2. 面试——试讲：主题墙饰活动设计

新春过后的新学期即将迎来新一季的春天，在教室里布置一面“春天”的主题墙，让春的气息带给孩子满满的欢乐和蓬勃的生机。

在主题墙面上添加关于春天的文字，让孩子知道春天原来是绿色的、温暖的。抓住春天最具特色的元素，将这些元素细化，加上内容，就能很好地营造春天的气氛。

“春天”主题墙色彩丰富，形象多样，有关春天的特征很明确，我们希望孩子能够从主题墙里感受春天，也希望他们能从主题墙了解春天。

七彩的鲜花、温暖的天气、出洞的小动物们都在传递着春的气息。春天有那么多奇妙的景象，小朋友们是不是都注意到了呢？

开学了，将彩纸做成气球的样子，粘贴在门廊上，把小朋友的名字都写上去，以此欢迎大家的到来。

【教资真题再现答案汇总】

1. A　　2. 无

项目3 幼儿园各领域活动区的环境创设

【引言】

环境是重要的教育资源，应该通过环境的创设和利用，有效地促进幼儿发展。区域环境的创设要根据目标、教育内容的具体要求及幼儿年龄阶段的特点来操作，应一切从幼儿水平和发展需求出发。因此，在区域活动环境创设中，区域设置的规划和环境创设要符合教育目标、教育内容的具体要求。既要使幼儿之间能相互交流、共同合作，又要注意使他们互不干扰，从而让幼儿能专注地投入某一活动，充满自信地探索问题。

【学习目标】

知识目标：

了解各学习领域的特点，以及各领域教育环境创设的基本要求。

理解幼儿园环境创设的主要理论观点，初步树立正确的环境创设观。

掌握各领域教学活动中环境创设的注意事项。

能力目标：

能够对五大领域进行科学环境创设与制作，并能够结合幼儿园实际情况加以应用。

素质目标：

通过对五大领域进行环境创设与制作，引入中国传统文化，让学生感受民俗特色和中国传统文化的魅力，给学生以广博的文化浸染。

【模块流程】

- 幼儿园各领域活动区的环境创设
  - 健康领域的环境创设
  - 语言领域的环境创设
  - 社会领域的环境创设
  - 科学领域的环境创设
  - 艺术领域的环境创设
  - 幼儿园各领域活动区的环境创设技能实训

【案例导入】①

星期一下午，区域活动即将开始。老师让孩子们围坐成一个半圆，给他们分配区域活动的项目。当老师正在讲述“我们今天的活动有娃娃家、美工区、建筑区、操作区……”时，周浩宁忽然按捺不住兴奋高声喊起来：“我要喂娃娃！我要喂娃娃！”喂娃娃是班级新开设的一个活动项目，前几次分配游戏时一直都没有安排到他，这次一听到老师说到操作区，周浩宁就立即叫了起来。老师的话被周浩宁的喊声打断，脸上平静的表情转为微怒。老师朝周浩宁看过去，发现周浩宁的目光并不在老师这边，而是盯着角落里的操作区。老师便提高了嗓音对周浩宁说：“周浩宁，老师看你今天是不想喂娃娃了！”周浩宁听了老师的话吃了一惊，快速转过头来，瞪大眼睛，大声问道：“为什么？”老师听了周浩宁的反问，显然也有些吃惊，进而，表情中的怒气有所加重，语气更加强了几分。“你说为什么？你还会问老师为什么！”周浩宁的嘴巴微张着，盯着教师看了一会儿，忽然间好像意识到了什么似的低下了头。老师接着分配活动，周浩宁显示出紧张、焦虑的神情，抬起头偷偷瞥了一下教师，不再讲话。

【问题】 上述老师的做法对吗？如果你是该案例中的老师，你该怎么做？

任务3.1　健康领域的环境创设

健康领域是幼儿园教育中一个非常重要但又有些特殊的领域，因此健康环境的创设显得尤为重要。

① 资料来源：https://ishare.iask.sina.com.cn/f/j2TuzyXqcn.html。

3.1.1　幼儿园健康教育的目标

幼儿园健康教育的目标主要包括身心状况、动作发展、生活习惯与生活能力三个方面，具体如表3-1所示，该表还给出了详细的指导建议。

表3-1　幼儿园健康教育的目标

身心状况	具有健康的体态	1. 为幼儿提供营养丰富、健康的饮食 2. 保证幼儿每天睡11～12小时，其中午睡时间一般应达到2小时，可根据幼儿的年龄、季节的变化和个体差异适当减少 3. 注意幼儿的体态，帮助他们形成正确的姿势 4. 每年为幼儿进行健康检查
	情绪安定、愉快	1. 营造温暖、轻松的心理环境，让幼儿形成安全感和信赖感 2. 帮助幼儿学会恰当表述和调控情绪
	具有一定的适应能力	1. 保证幼儿的户外活动时间，提高幼儿适应季节变化的能力 2. 经常与幼儿玩转圈、荡秋千、转椅等游戏活动，让幼儿适应轻微的摆动、颠簸、旋转，促进其平衡机能的发展 3. 锻炼幼儿适应生活环境变化的能力
动作发展	具有一定的平衡能力，动作协调、灵敏	1. 利用多种活动发展幼儿的身体平衡和协调能力 2. 发展幼儿动作的协调性和灵活性 3. 对于拍球、跳绳等技能性活动，不要过于要求数量，更不能机械训练 4. 结合活动内容对幼儿进行安全教育，注重在活动中培养幼儿的自我保护能力
	具有一定的力量和耐力	1. 开展丰富多样、适合幼儿年龄特点的各种身体活动，如走、跑、跳、攀、爬等，鼓励幼儿坚持下来，不怕累 2. 日常生活中鼓励幼儿多走路、少坐车，自己上下楼梯、自己背包
	手的动作灵活、协调	1. 创造条件和机会，让幼儿手的动作变得更灵活、协调 2. 引导幼儿注意活动安全
生活习惯与生活能力	具有良好的生活与卫生习惯	1. 让幼儿保持有规律的生活，养成良好的作息习惯 2. 帮助幼儿养成良好的饮食习惯 3. 帮助幼儿养成良好的个人卫生习惯 4. 激发幼儿参加体育活动的兴趣，养成锻炼的习惯
	具有基本的生活自理能力	1. 鼓励幼儿做力所能及的事情，对幼儿的尝试与努力给予肯定，不因他们做不好或做得慢而包办代替 2. 指导幼儿学习和掌握生活自理的基本方法，如穿脱衣服和鞋袜、洗手洗脸、擦鼻涕、擦屁股的正确方法 3. 提供有利于幼儿生活自理的条件
	具备基本的安全知识和自我保护能力	1. 创设安全的生活环境，提供必要的保护措施 2. 结合生活实际对幼儿进行安全教育 3. 教给幼儿简单的自救和求救的方法

3.1.2 幼儿园健康教育的特点

幼儿园健康教育旨在提高幼儿的健康认知水平，改善幼儿对健康的态度，培养有益于幼儿健康的行为方式和习惯，从而促进幼儿的健康成长。

1. 渗透性

幼儿园健康教育的渗透性主要有两方面的含义。

一方面，幼儿健康行为的养成表现在一日生活的所有环节中。这就意味着幼儿在幼儿园中接受的健康教育会辐射到家庭、社区等其他场所，家庭和社区中其他人员的健康行为也有可能对幼儿的健康行为产生直接的影响。因此，教师要做好相关环节的沟通和协调，如要培养幼儿爱喝白开水的习惯，就要求教师不但要在幼儿园中通过各种教学活动、生活环节等培养幼儿爱喝白开水的习惯，而且要及时与家长沟通，使他们的观念和行为与幼儿园一致。

另一方面，在幼儿园教育中，健康教育不仅在专门的健康教学活动中进行，也渗透到日常生活、游戏以及其他教学活动中，如美术课活动中对幼儿情绪的关注及幼儿自我表达能力的培养等。

2. 养成性

幼儿园健康教育以提高幼儿的健康认知水平、改善幼儿对健康的态度、培养幼儿的健康行为为目标。其中，健康行为的培养是最终目标，而幼儿健康行为的养成不是通过一次教学活动、一个游戏就能实现的，而是要通过长期巩固才能实现的。

另外，幼儿的健康问题是无时无刻不在的，如吃饭时的挑食问题、户外游戏时的安全问题、入园时的情绪问题等，一日生活中的任何时间都是健康教育的重要“时点”。这种时间上的延续性、养成性提醒我们，幼儿园健康教育是持久战，在教育过程中，教育者既不能操之过急，也不能放松警惕。

3. 先行性

幼儿园健康教育以幼儿的身心健康发展为核心目标，但健康教育的某些内容与要求并不一定能得到幼儿的理解，因此幼儿园健康教育具有一定的行为先行性。例如，幼儿凭借现有的经验和认知发展水平，并不一定能理解细菌是如何侵害自己的身体的，但他们必须养成饭前便后洗手的健康行为。

在健康教育中，幼儿理解起来有困难的某些健康教育内容会影响到幼儿健康认识的形成。因此，很多时候，教师会通过其他形式(如音乐、参观、戏剧表演等)来改善幼儿对健康的态度，从而培养其健康行为。

4. 生活性

生活性是幼儿园健康领域的重要特点。幼儿园健康教育的培养目标是幼儿身体健康，在集体生活中表现为情绪稳定、愉快；幼儿生活、卫生习惯良好，有基本的生活自理能力；幼儿知道必要的安全保健常识，懂得保护自己；幼儿喜欢参加体育活动，动作协调、灵活。这就需要教师不断地在健康领域引导幼儿建立良好的师生关系和同伴关系，让幼儿在集体生活中感到温暖，心情愉快，形成安全感、信赖感。

3.1.3 健康教育对环境创设的基本要求

1. 任何环境的创设都要考虑健康领域的要求

幼儿的身心健康是幼儿园教育的起点和落脚点，健康行为的养成是渗透在幼儿一日生活的各个场景中的，因而任何环境的创设都要先考虑健康领域的要求。例如，活动区要便于幼儿自己取放材料和玩具，以培养幼儿的自理能力；如图3-1-1所示，阅读区的光线要充足，以保护幼儿的眼睛；美工区(见图3-1-2)的材料投放要安全；等等。

图 3-1-1　明亮的阅读区

图 3-1-2　美工区

2. 环境的创设要有一定的秩序感与稳定性

幼儿健康行为是逐渐养成的，不是一朝一夕或者一次教学活动就可以完成的，因此幼儿一日生活密切接触的环境就是幼儿养成健康行为的监督者和帮助者。这就要求幼儿园的环境创设具有一定的稳定性，以帮助幼儿形成健康习惯，养成健康行为。

例如，要让幼儿养成用进区卡(见图3-1-3)进入活动区的习惯，首先要保证在一段时间内，每个区域的卡片数量正确，没有丢失，且区域的调整频率不能太高；再如，户外活动(见图3-1-4)后，要让幼儿养成收拾器材的习惯，就要保证存放材料的器皿充足，并且每个班级的存放位置相对固定。图3-1-5和图3-1-6分别展示了“爱书公约”和“区域规则”，这些都是建立秩序感和稳定性的好例子。

3. 环境的创设要有一定的引导性

幼儿园健康教育的先行性要求环境创设具有一定的引导性，不断提醒幼儿养成健康行为。例如，洗手是幼儿生活中一个重要的活动环节，可在幼儿洗手池区域贴上洗手的正确步骤(见图3-1-7)，引导幼儿正确地洗手，从而有效地预防疾病，帮助幼儿养成良好的卫生习惯，使其受益终身。我们的祖国是一个地大物博、历史悠久的文明古国，古代就有驰名海外的四大发明。纸是我们生活中的必需品，在我们生活中有着很大的作用。为了让幼儿养成珍惜纸张的习惯并知道环保的重要性，就以“纸”为出发点，如图3-1-8所示，进行以“各种各样的纸”为主题的环境创设，引导幼儿了解纸的历史、制作过程，培养幼儿热爱祖国、热爱家乡的情感，珍惜每一份资源，养成良好的环保意识。

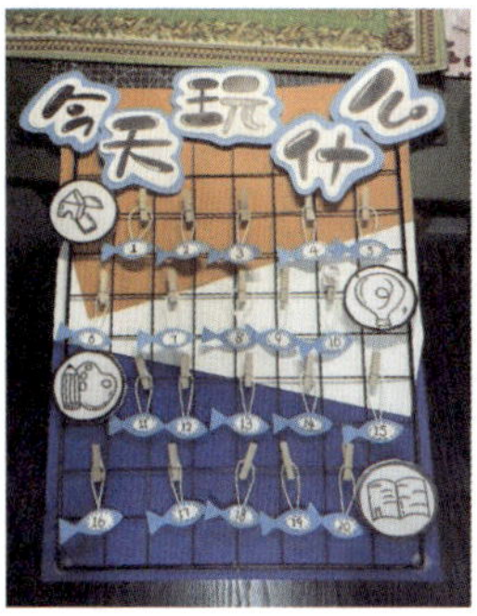

图 3-1-3　进区卡

图 3-1-4　户外活动

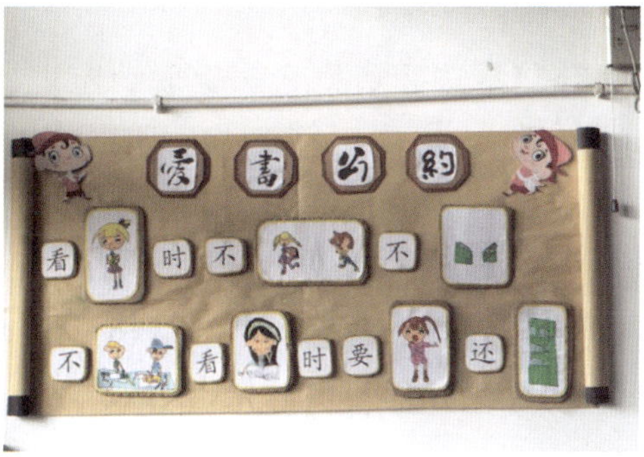

图 3-1-5　爱书公约

图 3-1-6　区域规则

图 3-1-7　七步洗手法

图 3-1-8　各种各样的纸

3.1.4　健康领域教学活动的环境创设

1. 有关日常健康行为的教学活动的环境创设

与日常健康行为有关的健康教育内容包括洗手、刷牙，穿脱、整理衣物，作息习惯，活动用具的整理、清洁，周围环境的清洁，等等。与这些内容有关的教学活动的环境创设更多地与幼儿一日生活的各个环节相关联。例如，幼儿园将“什么时候要洗手”的字样及造型不同的卡通人物贴在洗手池旁边，提醒幼儿洗手(见图3-1-9)。又如，在墙壁上进行“护牙行动”环境创设，以此来提醒小朋友保护牙齿(见图3-1-10)。也可在墙壁或走廊进行“温馨提示语”环境创设，以实现环境育人的目标(见图3-1-11)。

图 3-1-9　洗手提示语

图 3-1-10　护牙行动

图 3-1-11　温馨提示语

2. 有关饮食营养的教学活动的环境创设

与饮食营养有关的健康教育内容包括进餐习惯、常见食物的辨识、膳食的平衡、饮水习惯、中外饮食文化等。与这些内容有关的教学活动往往涉及食物及相关的材料。因此，这类活动的环境创设更多地涉及各种谷类、蔬菜、水果、肉类食物等，但这些食物又不完全以实物的形式出现，还可以以图片、拟人化的形式出现，可以制作、表演等。例如，某幼儿园将蔬菜组合成各种服装造型、艺术摆盘(见图3-1-12)等，以提高幼儿对蔬菜的认识，并使他们改掉挑食习惯。中班主题墙“多彩的食物”(见图3-1-13)里面包含“健康食品”“垃圾食品”及“我爱吃的食物”等。通过潜移默化的引导教育，使幼儿养成良好的吃饭习惯。

图 3-1-12　蔬果拼盘

图 3-1-13　多彩的食物

3. 有关身体生长的教学活动的环境创设

与身体生长有关的健康教育内容包括对身体外形的了解、对五官的认识与保护、对疾病的预防与治疗、对生命现象的探究等(见图3-1-14～图3-1-17)。与这些内容有关的环境创设更多是围绕人体来进行的，但它不是单一的人类身体的呈现，要达到这类活动的目标，还需要很多材料与设施作为辅助。例如，为了帮助幼儿认识五官表情，某幼儿园教师组织开展“表情变变变”(见图3-1-18)活动，教师事先做好互动展板，让幼儿根据游戏规则依次在展板上贴上不同的五官表情。

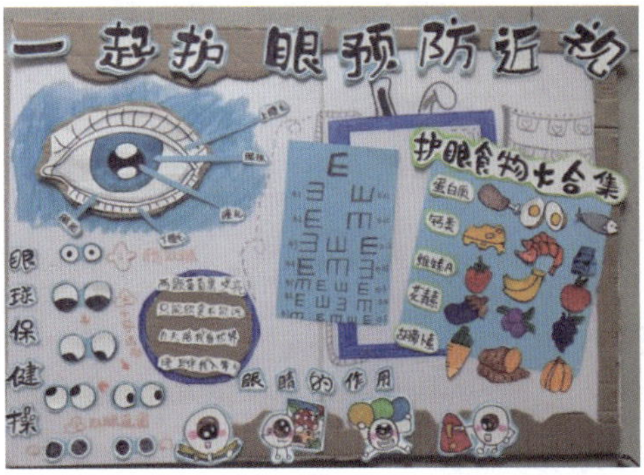

图 3-1-14　保护眼睛，预防近视

图 3-1-15　我会穿衣服

图 3-1-16　找彩光

图 3-1-17　保护牙齿大作战

图 3-1-18　表情变变变

4. 有关安全的教学活动的环境创设

与安全有关的健康教育内容包括日常生活中安全常识的了解及遵守、安全标志的认识、意外事故的预防与应对等(见图3-1-19～图3-1-22)。这类活动的环境创设与幼儿在生活中接触到的所有环境都有关联，包括幼儿园、家庭、社区、公共场所等。这类活动涉及较多的认知性内容。为避免教育过程的单调、枯燥，可以将其活动化。例如，在“我是小交警”(见图3-1-19)中，通过互动游戏，让幼儿了解生活中的各种马路标识。

图 3-1-19　我是小交警

图 3-1-20　紧急电话

图 3-1-21　不要给陌生人开门

图 3-1-22　防拐小歌谣

5. 有关体育锻炼的教学活动的环境创设

与体育锻炼有关的健康教育内容包括走、跑、爬、跳、投掷、攀登等身体活动的练习和技能提升，平衡、协调、灵敏、柔韧、力量、速度等身体素质的培养，徒手操、轻器械操等基本体操和队列队形的练习等。这类活动的环境创设主要在户外场地进行，对场地的基本要求是安全和空间充足，在此基础上要有适当的体育锻炼器材，如球类、绳类、平衡类、投掷类及大型体育器材等(见图3-1-23)。

图 3-1-23　体育活动

6. 有关心理健康的教学活动的环境创设

与心理健康有关的健康教育内容包括愉快情绪的培养、心理品质的培养、心理问题的解决等。这类活动的环境创设更注重心理氛围的营造，因而各种活动材料的使用都是为心理氛围的创设服务的(见图3-1-24)。

图 3-1-24　心理健康环境创设

3.1.5　健康领域环境创设作品赏析

图3-1-25～图3-1-32展示了健康领域环境创设的一些优秀作品，可供学习和赏析。

图 3-1-25　安全那些事儿

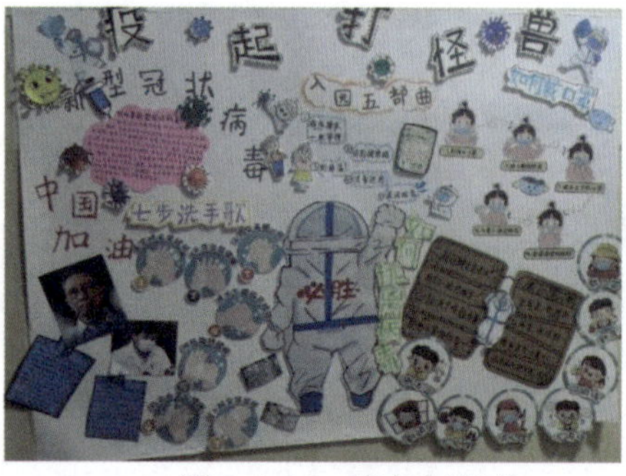

图 3-1-26　疫起打怪兽

图 3-1-27　珍爱生命，远离溺水

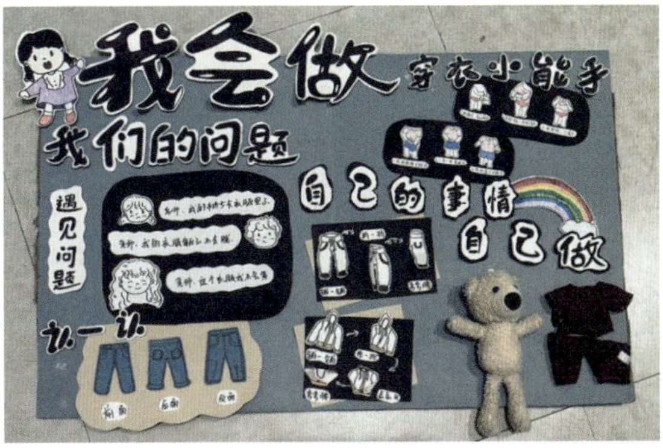

图 3-1-28　自己的事情自己做

图 3-1-29　挑食一点都不棒

图 3-1-30　护牙行动

图 3-1-31　疫起护眼，预防近视

图 3-1-32　睡觉啦

任务3.2　语言领域的环境创设

幼儿期是语言发展的关键时期，在这一时期，幼儿的听觉和语音器官逐渐发育完善，此期间如果能创造一个有利于幼儿发展的语言环境，给予幼儿正确的语言教育，幼儿就能自如地运用口语表达自己的见解、愿望和情感。

3.2.1　幼儿园语言教育的目标

幼儿园语言教育的目标主要包括倾听与表达、阅读与书写准备两方面，详见表3-2，该表还给出了相关的指导建议。

表3-2　幼儿园语言教育的目标

倾听与表达	认真听并能听懂常用语言	1. 多给幼儿提供倾听和交谈的机会 2. 引导幼儿学会认真倾听 3. 对幼儿讲话时，注意结合情境使用丰富的语言，以便幼儿理解
	愿意讲话并能清楚地表达	1. 为幼儿创造说话的机会并体验语言交往的乐趣 2. 引导幼儿清楚地表达
	具有文明的语言习惯	1. 成人注意语言文明，为幼儿做出表率 2. 帮助幼儿养成良好的语言行为习惯
阅读与书写准备	喜欢听故事，看图书	1. 为幼儿提供良好的阅读环境和条件 2. 激发幼儿的阅读兴趣，培养阅读习惯 3. 引导幼儿体会标识、文字符号的用途
	具有初步的阅读理解能力	1. 经常和幼儿一起阅读，引导他们以自己的经验为基础理解图书的内容 2. 在阅读中发展幼儿的想象力和创造能力 3. 引导幼儿感受文字作品的美
	具有书面表达的愿望和初步技能	1. 让幼儿在写写画画的过程中体验文字符号的功能，培养书写兴趣 2. 在绘画和游戏中做必要的书写准备

3.2.2　幼儿园语言教育的特点

幼儿园语言教育旨在通过提供各种学习活动，发展幼儿的语言交际能力，提高幼儿的思维水平，满足幼儿欣赏语言美的需要。

1. 应用性

幼儿是在语言运用中获得和发展语言能力的，也是通过语言的运用发展认知能力和实现社会化的。教师要注意让幼儿在一定的语言环境中发展语言的实际操作能力，让幼儿在与他人的交流过程中去听、去说、去欣赏，从而丰富他们的生活经验和生活感受。幼儿通过亲身体验进行观察和思考，提高自身的语言运用能力。

2. 整合性

幼儿学习语言的过程往往与他们认识事物的过程相联系。以词汇学习为例，对于“小狗”这个词，只有当幼儿对小狗的特征有所认识，并能够把它从其他动物中区分出来时，才能说他们真正理解了该词的含义，才有可能恰当地运用该词。因此，在幼儿园开展语言领域的教育时，需要将其他领域的教育、幼儿的一日生活整合起来考虑，否则很难收到较好的效果。

3. 容错性

幼儿喜欢学习、运用新的词汇和句式，但由于理解水平和生活经验的局限，他们难免会在语言理解和表达上出现错误。当幼儿面对一个新词或新句式时，他们常常根据自己的有限经验利用语境理解词的含义。

在幼儿园的语言教育中，教师对幼儿在语言理解和运用方面表现出来的错误要有宽容的态度，要以发展的眼光对待幼儿。因为幼儿是在不断尝试错误的过程中才有了想说、敢说的愿望。

4. 阶段性

由于受到生理机制和认知水平的制约，幼儿语言的发展呈现出固定的发展顺序和阶段。例如，小班和中班、大班的语言教育侧重点是不同的；小班侧重培养幼儿的正确发音，中班、大班则侧重培养其语音的控制，如学会调节声音的高低，使表达更具感染力和表现力等。

3.2.3　语言领域对环境创设的基本要求

1. 创设互动情境，为幼儿提供充分练习的机会

幼儿的语言学习以自然习得为主，他们学习语言仅仅是为了交流或者执行生活指令、参与游戏等，使用语言也纯粹是为了表达自己的情感和对周围事物及其简单关系的认识，语言对他们来说只是一种交流工具或游戏工具。因此，教师应当以创设有趣、合适、真实的交际环境为主要任务，为幼儿提供充分的练习机会，让幼儿与周围环境(特别是与教师、同伴)进行交流，利用互动巩固幼儿获得的语言经验，使幼儿在迁移性练习中领悟语言的特性。例如，教师可以设计角色扮演情境(见图3-2-1)，让幼儿在买卖游戏中锻炼口语交际能力。

图 3-2-1　角色扮演情境

角色扮演游戏是幼儿根据自己的兴趣和愿望，通过扮演角色创造性地反映其生活体验的一种游戏，是3～5岁幼儿特有的最典型的游戏。

角色游戏区是幼儿开展角色扮演游戏的场所。幼儿可以在各种模拟的情境中，按照他们对周围世界的认识和理解来扮演各种角色，诠释各种行为。它让幼儿能够与他人相处，表达情感和思想，用语言交流对角色的认识并对别人的需要和要求做出反应。角色游戏区的活动对幼儿的语言、智力及社会性的发展均起到良好的促进作用，而且是幼儿宣泄和表达各种情绪、情感不可或缺的一种途径。因此，各班活动室中也将角色游戏区(见图3-2-2)作为常设的必备活动区。

角色游戏区在主题环境设计中，由于幼儿角色扮演游戏的主题种类多，教师很难在角色游戏区内同时设置很多主题区域，因此，教师可以根据本班活动室的空间情况，在一段时间内，选择性地安排1～4个主题区域供幼儿活动。设计主题环境时，应尽量创造一个仿真的环境，以激发幼儿的兴趣，使幼儿游戏时如同身临其境一般，满足他们操作的欲望。角色扮演游戏涉及的主题有很多，如娃娃家、小吃店、理发店、医院、超市等，都是深受幼儿喜爱的游戏主题。此外，还有根据幼儿生活经验随机产生的若干主题，如花店、宠物店、美食街、邮局、书店、银行和健身中心等。

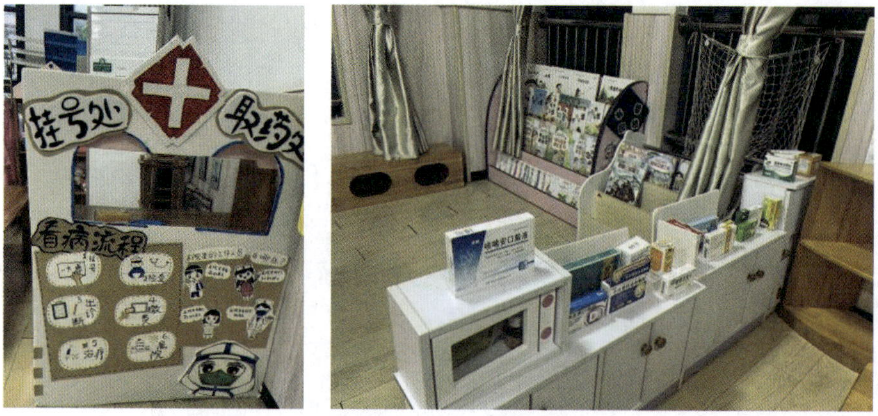

图 3-2-2　角色游戏区

2. 整合各领域和一日生活各环节，创设富有情趣的语言环境

由于语言教育具有整合性的特点，教师在进行环境创设时，需要为幼儿创设富有情趣的语言环境，丰富幼儿的语言经验。在这种整合的语言教育环境中，幼儿不是单纯地接受教师传递的语言信息，而是主动地参与语言的输入、加工和输出。

例如，教师可利用幼儿盥洗、餐前等待、游戏、自由活动等零散时间，化零为整，共同创设富有情趣的语言环境，既可提高幼儿自我服务、自我管理的积极性，避免其消极等待，又可使幼儿的语言学习融入生活的每时每刻。

3. 营造宽松、自由的话语氛围，对幼儿的语言学习做出积极的反馈

在语言领域的教育中，教师要懂得宽容与激励幼儿，努力营造宽松、自由的语言学习氛围。一方面，教师不要对幼儿自发的语言交往过于限制，而是要允许幼儿在自由游戏或等待的时间里自由交谈；另一方面，在集体教学活动中，教师不要把书上的观点和自己的看法作为标准，简单地否定幼儿的见解，而是要积极肯定幼儿不怕出错、敢于开口表达的勇气。

教师在对幼儿的语言表达进行指导时，不要直盯着幼儿表达或理解中的错误，而是要对幼儿的语言学习做出积极的反馈。例如，有的幼儿虽然表达不清，但态度积极、声音洪亮；有的幼儿虽然语句不够完整，但是说出了关键词；有的幼儿虽然词不达意，但是他已经在尽力模仿……对于幼儿在语言学习活动中表现出来的哪怕微小的优点，教师都可以给予积极的反馈，从而增强幼儿学习语言和运用语言的兴趣和信心。此外，教师不要粗暴地指出幼儿语言中的错误，要求他“说对”，因为直接的不合理的纠正不仅不会产生效果，还会扼杀幼儿说的愿望和语言创造力，使其产生抵触心理。

4. 遵从语言教育中的年龄差异

由于幼儿园语言教育在不同年龄班的教育重点和任务的差异，教师在创设相应的教育环境时，从玩教具材料的选择到教师使用的指导语，都要遵从这种差异，例如，教师可以为小班幼儿准备一些语速缓慢但是发音标准的儿歌、童话故事，在说话、示范时也要尽量做到准确发音，对幼儿语言的指导重点在其发音的准确性方面；而对于中大班的幼儿，教师可以通过让幼儿观看多媒体课件、情景表演等方式，让幼儿感受语音的表现力，说话、示范时也要注意充分地表现自己的语音修养能力，在指导幼儿语言表达的过程中也要有意识地培养幼儿的语音修养。

3.2.4　语言领域教学活动的环境创设

幼儿园语言领域的教学活动分为谈话活动、讲述活动、听说游戏活动、文学教育活动和阅读活动。

1. 谈话活动的环境创设

谈话活动是指有目的、有计划地组织幼儿围绕某个话题进行谈话的语言教育活动。

1) 创设谈话情境，确立谈话主题

(1) 实物创设。教师可以用玩具、墙饰布置、多媒体等实物，启迪幼儿谈话的兴趣和思路。例如，在“我最喜爱的图书”谈话活动中，教师可以自带一本绘本来引出话题(见图3-2-3)，也可以在图书角(见图3-2-4)陈列幼儿自带的图书，以此引出话题。

图 3-2-3　绘本故事讲解

图 3-2-4　图书角

(2) 故事创设。教师可以先讲一个故事，或提出一些问题，以吸引幼儿的注意力、调动他们的积极性，使他们适时地参与到话题中。例如，讲完“你看起来很好吃”(见图3-2-5)的故事后，让幼儿思考并讨论“故事里的恐龙有没有吃到食物”。

图 3-2-5　你看起来很好吃

(3) 游戏创设。教师可通过开展一些游戏或表演活动，创设出与谈话活动内容有关的情境。例如，在“模拟饭店”(见图3-2-6)中，幼儿会扮演不同的角色，如营业员、顾客、服务员等，他们的语言内容是不同的。

2) 围绕话题自由交谈

教师要多鼓励幼儿围绕话题自由交谈，鼓励他们交流个人见解。

图 3-2-6　模拟饭店

3) 围绕中心话题，拓展交谈内容

在幼儿运用已有经验充分地交谈后，教师要适时地将幼儿集中起来，以提问或启发的方式帮助幼儿学习新的谈话技能，掌握正确的谈话思路和方法。

4) 教师适时示范新的谈话经验

在逐步深入拓展谈话内容的基础上，教师可以适时向幼儿提供谈话范例，帮助幼儿掌握新的谈话经验。例如，在“我最喜爱的图书”谈话活动中，教师可以先说一说自己喜欢的图书，讲一讲图书的内容和喜欢的原因等。如《彩虹色的花》，这本书中的“彩虹色的花”(见图3-2-7)乐于和他人分享自己的快乐，无论谁需要帮助，它都会尽其所能去帮他们实现。生动的情节向孩子们传达了无私奉献、乐于助人的精神。书中这朵花有不同的颜色，幼儿可通过阅读认识到彩虹的颜色——红、橙、黄、绿、青、蓝、紫，并了解到每一种颜色都有其特定的含义，这可以加强孩子对颜色的认知，且对不同颜色的花的不同功能产生联结，提升理解能力。而绘本要向孩子表达的教育意义便如彩虹色的花一般——无私奉献、舍己为人、不求回报。

图 3-2-7　彩虹色的花

2. 讲述活动的环境创设

讲述活动侧重培养幼儿独立构思和表达的能力，它能够提高幼儿独自运用语言进行表述的能力。幼儿园讲述活动根据物的特点划分，可以分为看图讲述、实物讲述、生活经验讲述和情景表演讲述等。例如，幼儿情境表演道具讲述三只小猪的故事(见图3-2-8)。

图 3-2-8　欢乐小剧场

3. 听说游戏活动的环境创设

听说游戏的目的是培养幼儿的倾听和表述能力，它是用游戏的方式来开展的语言教育活动。在进行游戏之前，教师要帮助幼儿理解活动的内容、游戏的规则，并示范游戏的玩法。例如，在“萝卜蹲”游戏中，教师告诉幼儿选择一样自己喜欢的水果(建议从2个字的水果开始)。在音乐开始后随音乐节奏念“萝卜蹲”的儿歌，边念边双手叉腰，在说到蹲时往下蹲，点到哪个水果就由谁来说。儿歌示范：“苹果蹲，苹果蹲，苹果蹲完香蕉蹲；香蕉蹲，香蕉蹲，香蕉蹲完橘子蹲；橘子蹲，橘子蹲，橘子蹲完××蹲。”

4. 文学教育活动的环境创设

文学教育活动是以学前儿童文学作品为基本教育内容而设计、组织的语言教育活动。这类活动从某个具体的文学作品入手，帮助幼儿理解文学作品所展示的丰富而有趣的生活以及文学作品特有的魅力和意境。对于文学教育活动的环境创设，需要注意以下两点。

1) 创设相应的文学情境，为引出文学作品做铺垫

在开展文学教育活动时，教师可结合图片、幻灯片，借助美术、音乐等艺术手段，布置一个安静、和谐、优美的环境，将幼儿带入一个充满幻想的、神奇的文学宫殿中。例如，在诗歌“夏天到”的教学中，在介绍诗歌之前，教师这样渲染气氛：“夏天来了，它藏在哪里呀？池塘里、草地里，我们一起听听。”接着，教师一边播放幻灯片，一边朗读诗歌。所有的幼儿都静静地倾听和观看，幼儿的思路在视听中被慢慢打开，感受着诗歌的意境。

夏天到[①]

夏天到，夏天到
山间水里真热闹
草儿乐得绿油油
小花咧嘴哈哈笑
河里清水哗啦响
鱼儿活蹦又乱跳
小狗小猫来钓鱼
鸟儿树上喳喳叫
夏天夏天真热闹

2) 提供丰富的体验环境，帮助幼儿体验作品的艺术魅力

在文学教育活动中，体验作品的艺术魅力和情感特征是教育目标之一，教师可以通过提供丰富的体验环境来实现这一点，即通过富有感染力的语言来表述文学作品。例如，教师在讲述故事时一定要投入感情，声音跌宕起伏，以不同的表达方式以及丰富的表情和动作等来表现作品，还可充分利用表演、绘画、动手操作等方式让幼儿动手、动口、动脑去表现作品，从而帮助幼儿体验作品的艺术魅力。

5. 阅读活动的环境创设

阅读活动主要是为幼儿提供阅读图书的经验，因而需要向幼儿提供一个含有较多阅读信息的教育环境。对于阅读活动的环境创设，需要注意以下两点。

1) 创设宽松、自由、具有浓厚阅读气氛的环境

各班可以以主墙面、阅读区的环境创设为主，以生活区、活动区的环境创设为辅，努力创建有趣味的阅读环境，促进班级良好阅读氛围的形成。同时，教师要为幼儿树立良好的阅读榜样，常向幼儿讲述图书中的动人故事，还可适时播放一些轻音乐，要求幼儿安静看书、低声交流等，让幼儿在浓厚的阅读氛围中耳濡目染，培养幼儿的阅读兴趣，教师也可为幼儿推荐阅读读物，来实现教育意义。

《求是》杂志刊文指出：“用好红色资源，传承好红色基因，把红色江山世世代代传下去。”幼儿园利用红色文化对幼儿进行教育时，可以采用环境熏陶的方法，创建一个红色主题的教育环境，让幼儿身临其境，用心融入环境。例如，制作“红色文化故事”(见图3-2-9)书，描述革命英雄形象和英雄事迹，用具体的革命英雄形象吸引、感染、说服孩子，让孩子通过了解英雄的爱国事迹，对英雄行为产生认同感。

① 资料来源：https://www.gushiju.net/gushikaoti/19489。

图 3-2-9　红色文化故事

2) 创设丰富的阅读物质环境

丰富的阅读物质环境(见图3-2-10)需要充足的阅读时间和空间，以及各种丰富的阅读信息。幼儿不可能仅仅通过几次专门性的阅读活动就获得一定的阅读经验，因此，教师除了安排一定的集体阅读时间外，还应该在日常活动中保证幼儿拥有一定的阅读时间，这种时间安排可以是随机的、不固定的。

图 3-2-10　阅读区

3.2.5　语言领域环境创设作品赏析

图3-2-11～图3-2-18展示了语言领域环境创设的一些优秀作品，可供学习和赏析。

图 3-2-11　好书推荐

图 3-2-12　好故事推荐

图 3-2-13　道具变形记

图 3-2-14　小小制片人

图 3-2-15　礼貌用语

图 3-2-16　我妈妈

图 3-2-17　演员请就位

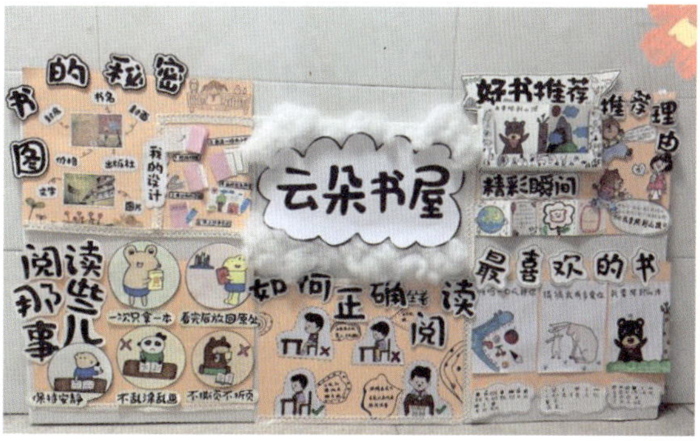

图 3-2-18　云朵书屋

任务3.3 社会领域的环境创设

促使幼儿积极地社会化是幼儿园教育的一个重要任务。但是，幼儿的社会化是一个复杂的过程，积极地社会化并不会自然地发生，它需要教育者创设积极的教育环境并加以适当引导才能实现。

3.3.1 幼儿园社会教育的目标

幼儿园社会教育的目标主要包括人际交往和社会适应两方面，具体如表3-3所示，该表还给出了详细的指导建议。

表3-3 幼儿园社会教育的目标

人际交往	愿意与人交往	1. 主动亲近和关心幼儿，经常和他们一起游戏或活动，让幼儿感受到与成人交往的快乐，建立亲密的师生关系 2. 创造交往的机会，让幼儿体会交往的乐趣
	能与同伴友好相处	1. 结合具体情境，指导幼儿学习交往的基本规则和技能 2. 结合具体情境，引导幼儿换位思考，学习理解别人 3. 和幼儿一起谈谈他们的好朋友，说说喜欢这个朋友的原因，引导他们多发现同伴的优点、长处
	具有自尊、自信、自主的表现	1. 关注幼儿的感受，保护其自尊心和自信心 2. 鼓励幼儿自主决定，独立做事，增强其自尊心和自信心
社会适应	关心、尊重他人	1. 成人以身作则，以尊重、关心的态度对待自己的父母、亲友等 2. 引导幼儿尊重、关心长辈和身边的人，尊重他人劳动及成果 3. 引导幼儿学习用平等、接纳和尊重的态度对待差异
	喜欢并适应群体生活	1. 经常和幼儿一起参加一些群体性活动，让幼儿体会群体性活动的乐趣 2. 幼儿园组织活动时，可以经常打破班级的界限，让幼儿有更多机会参加不同群体的活动 3. 带领大班幼儿参观小学，讲讲小学有趣的活动，唤起他们对小学生活的好奇和向往，为入学做好心理准备
	遵守基本的行为规范	1. 成人要遵守社会行为规则，为幼儿树立良好的榜样 2. 结合社会生活实际，帮助幼儿了解基本行为规则或其他游戏规则，体会规则的重要性，学习自觉遵守规则 3. 教育幼儿要诚实守信
	具有初步的归属感	1. 亲切地对待幼儿，关心幼儿，让他们感到长辈是可亲、可近、可信赖的，家庭和幼儿园是温暖的 2. 吸引和鼓励幼儿参加集体活动，萌发集体意识 3. 运用幼儿喜闻乐见和能够理解的方式激发幼儿爱家乡、爱祖国的情感

3.3.2 幼儿园社会教育的特点

幼儿园社会教育旨在为幼儿提供社会学习活动，在尊重幼儿生活、遵循幼儿社会性发展规律与特点的基础上，促进他们自我意识的形成，发展与人交往、合作的能力，增进对社会的了解。幼儿园社会教育具有以下特点。

1. 随机性

幼儿的社会性发展是一个长期的过程，在这个过程中，除了教师有目的、有计划的社会教育活动外，幼儿的日常生活、自由活动、意外突发事件，以及其他领域的教育活动等也可能蕴含很多进行社会教育的机会。因此，幼儿园社会教育具有随机性，教师可以随时随地抓住机会对幼儿进行即时教育，发挥其潜在的教育意义。

2. 针对性

幼儿园社会教育的内容丰富，涉及面广。在选择内容时，往往需要针对具体的目标进行取舍。同时，幼儿园社会教育的环境要针对幼儿社会性发展的实际水平及其所处的社会地域环境来创设。例如关于交通工具，城市的幼儿可以选择地铁、双层巴士、动车等较先进的交通工具作为认识对象，围绕乘坐这些交通工具的规则等内容来开展活动；而一些农村的幼儿园则可选择拖拉机、平板车等交通工具进行活动。

3. 生活性

幼儿园社会教育是与幼儿的日常生活紧密结合的。例如，进餐时可以开展节约粮食及饮食文化等方面的教育；盥洗时可以进行环境保护教育，培养幼儿节约用水的良好习惯。此外，社会教育的目标是很难通过几次单独的社会教育活动来实现的，必须让幼儿在日常生活中反复练习，才能形成稳固的习惯。

4. 潜移默化性

幼儿社会性的发展与其所受到的影响相关，他们往往会在不知不觉受到影响后发生变化。例如，同伴表现出懂礼貌的样子，会使幼儿学会相互谦让，和睦相处。此外，社会教育内容的广泛性和生活性本身就具有潜移默化的特点，它比健康、语言、科学、艺术等领域的教育更强调隐形的课程影响和背景因素的影响。

3.3.3 社会教育对环境创设的基本要求

1. 创设能够引发幼儿真实生活体验的活动环境

幼儿社会态度和社会情感的形成往往不是教师直接“教”的结果，而是通过在实际生活中积累有关经验来完成的，因此，对于社会领域的教学，常常需要创设一定的情境，引发幼儿的真实生活体验。在创设这种环境时，教师应考虑以下两方面：一是如何将真实的社会生活呈现在幼儿面前；二是如何让幼儿充分与社会生活接触，采用哪些方法引导幼儿主动地观察、体验、思考、发现。

2. 投入积极的情感，营造良好的情感氛围

教学过程中，师生的情绪状态会彼此影响，形成交流回路，其中教师的情感状态往往处于主导地位。因此，在社会领域的教学活动中，教师要投入积极的情感，通过爱与关心来建立教师与幼儿之间的双向接纳关系，为幼儿的社会性发展营造良好的情感氛围。

首先，教师必须对幼儿持有理解、支持的情感态度，这样能给予幼儿克服困难、与人交往的信心；同时，教师应及时体察幼儿的情绪、情感需要，并及时反馈，从而建立起积极的相互接纳、相互信任的情感关系，这种情感支持本身就会成为幼儿社会化学习的榜样。

其次，教师在教育活动过程中还要善于对幼儿进行情感激发。要做到这一点，教师要注意让幼儿通过话语、语气、语调、音量、表情、动作等感知到教师的情感投入，此外，教师的情感投入一定要真切，这样才能感染幼儿的情感，带动幼儿产生实际的社会性行为。

3. 积极创造条件，为幼儿提供实践机会

在幼儿园社会领域的教学中，教师不仅要让幼儿形成正确、积极的社会性认知和情感，还要让他们在实际的生活和活动中去实践、去锻炼，把相应的观念、情感变成行动。从这一点出发，教师要在教学活动中为幼儿提供充分的实践机会，这样才能使这些知识与态度内化为幼儿自己的体验。

在开展社会教育活动的过程中，教师可以精心设计一些实践活动。例如，在“买卖超市”的社会活动中，可以开展“超市大调查”的实践活动，不仅要让幼儿明白物品购买流程，还要给予他们进行练习的机会，并鼓励幼儿经常这样做，使之成为习惯。

3.3.4 社会领域教学活动的环境创设

1. 自我教育活动的环境创设

自我教育活动旨在帮助幼儿认识和接纳自己，增进自我价值感和自信心，学会认识、了解和恰当表述自己的情绪、情感，控制自己的行为。对于自我教育活动的环境创设，应该注意以下两点。

1) 营造平等、宽容的心理氛围

宽容能建立一种具有信任感的心理环境，产生相互支持的凝聚力，营造一种接纳的支持性的氛围。幼儿缺乏独立意识，行为也是他控的，自我认识还需要借助外部环境，他们对教师的关注是十分敏感的。教师是宽容的还是苛刻的，是亲切的还是淡漠的，他们都能

敏锐地感知到。因此，教师要以宽宏的胸怀去关爱全体幼儿，给幼儿充分的时间和空间，给幼儿学习、活动的自主权和选择权，鼓励幼儿大胆地发现自己、表现自己。

2) 创设有利于发挥幼儿主体性的环境

幼儿实现自我发展，不能局限于简单接受成人的要求，说出自己的名字、特长，而是要能自觉地接纳自我、表达自我、控制自我。也就是说，在自我教育活动中，要让幼儿成为学习的主动者，站在个体的角度去体会、建构自己的内部经验，它必然是个体自主的活动，其他人无法替代个体的主体地位。因此，在自我教育活动中创设的环境应该是主动的，能够让幼儿以主动和创造性的方式参与自我教育活动，在主动建构中发展自我。例如，在“我是小主播”(见图3-3-1)活动中，让每个幼儿成为小小播音员，主动自信地展示自我。又如，在“拉拉小手好朋友”(见图3-3-2)活动中，让幼儿积极主动地去认识、结交新朋友，并在这个过程中学会表达自我、接纳自我。

图 3-3-1　我是小主播

图 3-3-2　拉拉小手好朋友

2. 社会环境与社会规范认知教育活动的环境创设

幼儿对社会环境的认知主要包括对家庭、幼儿园、社区、家乡、国家等的认知，应鼓励幼儿与环境产生积极互动。对社会环境和社会规范的认知教学活动，通常需要在一定的情境中去开展。只有设置真实的生活情境，才能帮助幼儿置身于情境中去认识、体验和思考问题，让幼儿产生情感上的共鸣，从而达到教学目的。

《人民日报》刊文指出：“要进一步加强宣传教育，切实培养节约习惯，在全社会营造浪费可耻、节约为荣的氛围。”为了响应号召，幼儿园开展“节约粮食，光盘行动”(见图3-3-3)主题活动，通过活动，让幼儿明白爱惜粮食、节约粮食是中华民族的传统美德。节约粮食，从我做起，养成不挑食、不浪费、爱惜每一粒粮食的好习惯。让大家以节约为荣，让节约成为一种时尚，让节粮成为一种习惯。

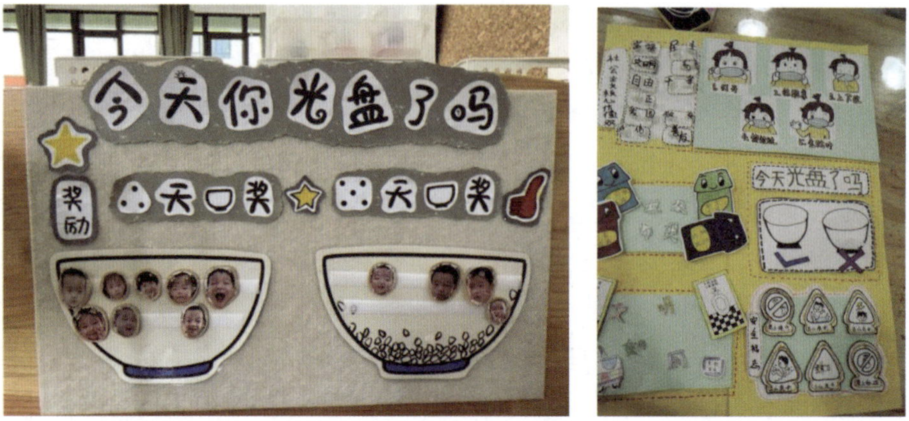

图 3-3-3　节约粮食，光盘行动

3. 人际交往教育活动的环境创设

人际交往教育活动是教师通过创造一定的情境和条件，引导幼儿学习某种人际交往技能的教育活动。对于人际交往教育活动的环境创设，应该注意以下两点。

1) 创设人际交往情境，激发幼儿的交往兴趣

人际交往教育活动的目的在于为幼儿提供交往的机会，构建人际交往平台。教师创设人际交往环境，能让幼儿在轻松、友好、快乐的交往氛围中积极与人交往。因此，在环境创设过程中，首先需要创设一个人际交往情境，激发幼儿的交往兴趣。例如，某幼儿园开展“咔咔”(见图3-3-4)照相的社会活动，其中，幼儿招揽客人，通过拍照来赚取工资币。

图 3-3-4　咔咔

此外，交往的环境范围越广，幼儿交往的主动性越强、兴趣越浓，交往能力就越能获得较大提高。因此，幼儿园还可以以人际交往教育为内容开展专题活动，如在社会活动“开心超市”(见图3-3-5)中，教师追随幼儿的兴趣，引导幼儿了解周围的环境，通过开心超市大调查—幼儿合作设计超市—角色扮演—活动分享等程序，来尊重幼儿的个体差异，调动不同经验和合作水平的幼儿自主交流和表达观点。

图 3-3-5　开心超市

2) 让幼儿在游戏活动中体验交往

游戏是幼儿喜爱的活动之一，也是体验交往的最好方式，因此，教师可以利用游戏对幼儿进行人际交往教育。在角色扮演游戏中，每一个环节都会涉及与同伴之间的交往，从分配角色到进入角色，再到结束游戏，这些都需要幼儿与同伴之间的友好交往。此外，角色游戏还可以帮助幼儿学会不同的交往方式，如“娃娃家”中父母与娃娃的交往，“理发店”(见图3-3-6)中理发师与顾客的交往等，这些都能提高幼儿的人际交往能力。

图 3-3-6　理发店

4. 多元文化教育活动的环境创设

文化是一个国家、一个民族的灵魂。文化兴则国运兴，文化强则民族强。党的二十大报告深刻把握文化建设规律和文化在新时代新征程中的地位作用，对建设社会主义文化强国做出了战略部署，为我们不断推进文化自信自强、铸就社会主义文化新辉煌、增强实现中华民族伟大复兴的精神力量提供了根本遵循。报告提出，坚守中华文化立场，提炼展示中华文明的精神标识和文化精髓，加快构建中国话语和中国叙事体系，讲好中国故事，传播好中国声音，展现可信、可爱、可敬的中国形象。深化文明交流互鉴，推动中华文化更好地走向世界。

中华文明源远流长、博大精深，是中华民族独特的精神标识，是当代中国文化的根基，是维系全世界华人的精神纽带，也是中国文化创新的宝藏。毫无疑问，美食是文明的一部分，开展相关的教育活动(见图3-3-7、图3-3-8)，有利于弘扬中国传统文化。

图 3-3-7　中国传统美食

图 3-3-8　江西美食

在幼儿园环境创设中，我们需要大量融入中国传统文化，在对幼儿进行世界文化的启蒙教育时，应以本国文化为主、外国文化为辅，培养幼儿公平、公正的意识。对于多元文化教育活动的环境创设，应该注意以下两点。

(1) 在活动中要让幼儿感受到教师的言行举止都表现出对各种文化的尊重。例如，教师平等对待来自不同文化背景的幼儿，对他们的文化差异表现出浓厚的兴趣，鼓励拥有不同文化背景的家长来园给幼儿讲故事，等等，让幼儿感受到虽然文化间存在差异，但各种文化是平等的，从小培养其尊重文化的意识。

(2) 把民族文化和世界文化结合起来。可以通过在各个活动区投放具有多元文化特色的玩具或材料，让幼儿充分感受到多元文化无处不在、无时不在。例如，为了让孩子们了解中国传统文化，感受白底青花独特的色彩美和对称美，进行“青花古韵”(见图3-3-9)环境创设，让幼儿了解有关青花瓷的历史、图案样式，在与环境的互动中获得有价值的学习经验和情感体验，感受中国传统文化的魅力，弘扬中国传统文化，传播正能量。

图 3-3-9　青花古韵

3.3.5　社会领域环境创设作品赏析

图3-3-10～图3-3-22展示了社会领域环境创设的一些优秀作品，可供学习和赏析。

图 3-3-10　森林音乐会

图 3-3-11　交通礼仪

图 3-3-12　垃圾分类

图 3-3-13　交往礼仪

图 3-3-14　用餐礼仪

图 3-3-15　社会主义核心价值观

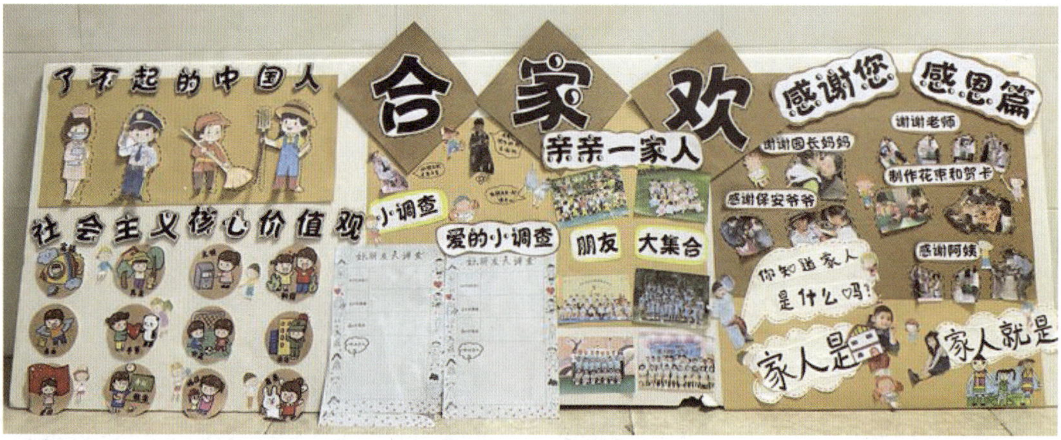

图 3-3-16　合家欢

图 3-3-17　货币的演变和运用

图 3-3-18　交通安全

图 3-3-19　欢乐小剧场

图 3-3-20　模拟点餐

图 3-3-21　滴滴总动员

图 3-3-22　比奇堡烧烤

任务3.4　科学领域的环境创设

科学作为幼儿园教育的五大领域之一，具有十分重要的意义。幼儿的科学教育是科学启蒙教育，重在激发幼儿的认识兴趣和探索欲望。幼儿天生具有好奇心与创造力，他们对周围世界充满好奇，表现出认识世界和学习科学的渴望。因此，教师应创设有助于培养幼儿创新能力的科学教育环境，让他们在愉快的情绪中学习科学、感受科学。

3.4.1　幼儿园科学教育的目标

幼儿园科学教育的目标主要包括科学探究、数学认知两方面，具体如表3-4所示，该表还给出了相关的指导建议。

表3-4　幼儿园科学教育的目标

科学探究	亲近自然，喜欢探究	1. 经常带幼儿接触大自然，激发其好奇心与探究欲望 2. 真诚地接纳、多方面支持和鼓励幼儿的探索行为
	具有初步的探究能力	1. 有意识地引导幼儿观察周围事物，学习观察的基本方法，培养观察与分类能力 2. 支持和鼓励幼儿在探究的过程中积极动手、动脑寻找答案或解决问题 3. 鼓励和引导幼儿学习做简单的计划和记录，并与他人交流、分享 4. 帮助幼儿回顾自己的探究过程，讨论自己做了什么、怎么做的，结果与计划目标是否一致，并分析一下原因以及下一步要怎样做等
	在探究中认识周围事物和现象	1. 支持幼儿在接触自然、生活事物和现象中积累有益的直接经验和感性认识 2. 引导幼儿在探究中思考，尝试进行简单的推理和分析，发现事物之间明显的关联 3. 引导幼儿关注和了解自然、科技产品与人们生活的密切关系，逐渐懂得热爱、尊重、保护自然
数学认知	初步感知生活中数学的有用和有趣	1. 引导幼儿注意事物的形状特征，尝试用表示形状的词来描述事物，体会描述的生动形象性和趣味性 2. 引导幼儿认识到生活中很多地方都会用到数，关注周围与自己生活密切相关的数的信息，体会数可以代表不同的意义 3. 引导幼儿观察按照一定规律排列的事物，体会其中的排列特点与规律，并尝试自己创造出新的排列规律 4. 鼓励和支持幼儿发现、尝试解决日常生活中需要用到的数学问题，体会数学的用处
	感知和理解数、量及数量关系	1. 引导幼儿感知和理解事物“量”的特征 2. 结合日常生活，指导幼儿学习通过对应或数数的方式比较物体的多少 3. 利用生活和游戏中的实际情境，引导幼儿理解数的概念 4. 通过实物操作引导幼儿理解数与数之间的关系，并用“加”或“减”的办法来解决问题
	感知形状与空间关系	1. 用多种方法帮助幼儿在物体与几何形体之间建立联系 2. 丰富幼儿空间方位识别的经验，引导幼儿运用空间方位经验解决问题

3.4.2　幼儿园科学教育的特点

1. 广泛性

广泛性是指科学教育的内容是无限丰富的，涉及很多自然科学学科。幼儿的科学探究遍及自然的各个方面：太阳的升落、花儿的颜色、美丽的星空、灭绝的恐龙、动物的伪装、植物的生长等。只有为他们提供广泛的学习内容，才能满足他们广泛的兴趣，使他们对世间万物有广泛的接触，以便今后进一步学习科学。因此，要让幼儿发现和感受到周围世界的神奇，把他们引向广袤的科学天地。

2. 逻辑性

让幼儿获得科学知识是幼儿园科学教育的目的之一，科学知识揭示的是大千世界中的逻辑关系：自然界中各种自然现象之间存在的关联性和因果性是幼儿要探究的逻辑性知识；数学知识所反映的事物之间的数、量、形关系，也是幼儿要探究的逻辑性知识。因此，幼儿园科学教育具有逻辑性，这是它区别于其他领域教育的最大特征。

3. 探究性

科学经验不是靠教师的传授从外部灌输给幼儿的，而是幼儿通过自主探究获得的，它是幼儿与外部环境相互作用的结果。幼儿的真正主动探究和学习始于意识到问题，并产生寻求答案的愿望，这时主动探究才进入了真正的准备状态。教师在科学教育活动中只起到指导幼儿学习的作用，不应代替幼儿学习，亦不能简单地把结论告诉幼儿。

3.4.3　科学领域对环境创设的基本要求

1. 创设适宜幼儿进行探究的物质环境

适宜的物质环境可以激发幼儿积极的探究兴趣。在幼儿园里，教师可根据班级和园内的实际情况，布置植物角(见图3-4-1)、动物角、科学发现室等可供幼儿进行科学探究活动的环境；也可以在园内或活动室内布置科学墙，墙饰内容应根据需要及时更换、增减；还可以结合主题活动布置环境，如以“动物科普”(见图3-4-2)为主题时，在墙上展示有关动物科普的知识点让小朋友学习。

图 3-4-1　植物角

图 3-4-2　动物科普

2. 营造安全的心理氛围

心理氛围是一种情感活动状态，积极的心理氛围包括自由、民主、积极的情感互动。在这样的情绪互动中，幼儿能更多地体会到安全、宽容、接纳、信心与勇气，更能产生好奇心与探究行为。

在科学教育中，心理上的安全是指幼儿认知和理解的需要以及尊重、归属和爱得到满足的需要。心理上安全的环境是幼儿主动探究和学习活动的前提。为幼儿提供心理上的安全感，需要教师真正尝试了解幼儿的意图、行动、解决问题的方式，成为幼儿的支持者；给予幼儿出错的权利，而不是急于给出答案；寻求幼儿的真实意图，了解幼儿的认知水平，避免误伤幼儿的好奇心；尊重和支持每一个幼儿的兴趣和观点。只有这样，才能使幼儿逐渐意识到通过探究能解决问题。

3. 提供适合幼儿探究的有意义的活动材料

在幼儿园科学教育中，材料是引发幼儿主动探究的刺激物，与生俱来的好奇心和探究兴趣使他们特别乐于摆弄和操作材料。因此，活动材料在科学教育环境的创设中起着重要作用。

第一，材料要能激起幼儿的探究兴趣，能引发幼儿摸一摸、看一看、做一做的愿望。例如，可在科学区投放神奇的不倒翁、有趣的磁铁等；也可在科学区投放各种各样的车车(见图3-4-3)，让小朋友了解不同车的类型及车的用途。

图 3-4-3　车车大集合

第二，要提供广泛的操作余地以及可让幼儿用不同方式进行探究的材料。例如，为幼儿提供各种积木(见图3-4-4)、七巧板拼图等，让其组合成不同造型，以增强其动手意愿。

第三，要提供能让幼儿立即观察到活动效果的材料。例如，在“哪种布吸水”(见图3-4-5)实验中，要提供各种各样的布、透明的瓶子、易溶于水的颜料。

图 3-4-4　积木

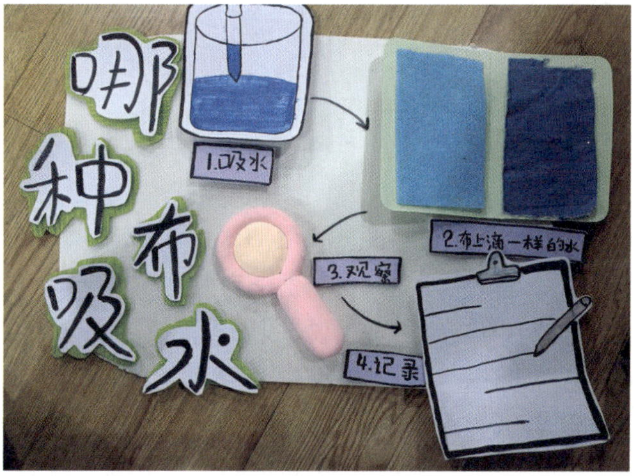

图 3-4-5　哪种布吸水

第四，要为每个幼儿提供充足的材料。材料充足与否，直接影响到幼儿探究过程的进行，但是，充足的材料并不意味着每种材料的数目要和班里的幼儿数相等，也不是一味求多。例如，在“科学区”(见图3-4-6)，幼儿可以接触丰富而充足的实验材料，包括试管、烧杯、磁铁等。

图 3-4-6　科学区

第五，注意材料使用的安全性。在幼儿实验材料的选择上，要特别考虑材料的安全性，避免幼儿在操作过程中对身体造成伤害。例如，不能选用锋利、尖锐的铁器或玻璃器皿等。

3.4.4　科学领域教学活动的环境创设

1. 观察类科学教育活动的环境创设

观察类科学教育活动是一种以观察为主要认知手段的科学启蒙教育活动，让幼儿观察客观事物、现象的特征，从而帮助幼儿发展科学认知，培养科学情感，形成科学态度，掌握科学方法。对于观察类科学教育活动的环境创设，应该注意以下两点。

1) 选择合适的观察对象

观察是一种有目的、有计划、比较持久的知觉过程，是知觉的一种特殊形式。幼儿往往缺乏观察力，对事物的知觉是不随意的、被动的，常常受观察对象本身的特点和自己的兴趣所制约。所以，在开展观察类科学教育活动时，要选择那些具有显著特征、能引发幼儿兴趣的观察对象。

幼儿容易对新奇的事物和现象产生观察和探究的欲望，例如自然角区域(见图3-4-7)。

进行自然角区域环境创设时要注意，自然角陈列的物品应高度适宜，便于幼儿随时观察、接触、取用。教师作为引导者，不能仅仅满足于把花、草、小鱼、小虫漂亮地摆设出来，而是要通过相关的教育设计，指导幼儿通过多种途径运用多种感官去感知动植物的形态构造、生活习性及生长发育过程等，让其了解物与物、人与物的密切关系，满足他们的好奇心和求知欲，并培养他们热爱自然、探索自然的科学素养，使自然角真正成为幼儿与环境交互、与自然对话的平台。自然角的活动有观赏、观察、实践等多种形式，提供的材料包括图片、模型、实物等，如观察大蒜的成长变化(见图3-4-8)，并记录下来。

图 3-4-7　自然角区域

图 3-4-8　大蒜成长过程

例如，太空一直是幼儿感兴趣的话题，某幼儿园为了让孩子们了解我国的科学发展，切身感受科技的力量，提升其动手实践能力、创新能力，开展“太空漫游空间站”科学领域主题活动。在活动中，老师用通俗易懂的语言给幼儿讲解有关空间站的知识，包括太空站的各个结构及其作用，并通过提问积极与幼儿互动，带领孩子们制作空间站模型。孩子们运用自己的创意思维，手脑结合，亲手搭建出属于自己的“太空站”(见图3-4-9)。

2) 创设一个需要调动幼儿多种感官的教育环境

观察是用感官获取信息的直接方法。观察不仅是用眼睛看，也涉及其他感官的运用，如听觉、嗅觉、味觉、触觉等。幼儿通过多种感官获得观察对象的信息，通过大脑的筛选、整理获得对观察对象的整体认识；在解决问题的具体过程中，他们综合运用看、闻、听、尝、摸以及操作等多种方法去收集对解决问题有用的信息。在幼儿观察时，应尽可能让幼儿看清观察对象的样子，听到它的声音，闻到它的气味，尝尝它的味道，动手去触摸它。例如，在认识纸的科学活动(见图3-4-10)中，让幼儿闭上眼睛先摸一摸，感受不同纸的肌理，然后猜一猜。

图 3-4-9　太空站

图 3-4-10　各种各样的纸

2. 实验操作类科学教育活动的环境创设

实验操作类科学教育活动是指幼儿通过自己动手操作仪器和材料，以发现客观事物的变化及其关系的科学活动。它强调在人为控制的条件下，利用一定的仪器或设备、材料去探究各种事物或现象。对于实验操作类科学教育活动的环境创设，应该注意以下两点。

1) 创设问题情境，引发幼儿对实验操作教育活动的兴趣

实验操作中所发生的现象与自然条件下的现象不同，它需要在一定的人工控制的条件下开展，所反映的关系也比较隐蔽，幼儿不容易发现其“秘密”，这时就需要教师创设一定的情境。而问题情境往往最容易促使幼儿去操作实验材料，它能引起幼儿对实验操作的兴趣。

2) 创设教育情境，使幼儿感到实验操作对自己有意义

在实验操作类科学教育活动中，幼儿通过动手操作改变变量，以发现客观事物的变化及其因果联系。但是幼儿尚不能在逻辑的基础上理解这些，因此往往意识不到它们对自己生活和学习的意义。这就需要教师创设一定的教育情境，使幼儿感到学习的意义，进而维持其实验操作的兴趣。

党的二十大报告强调要实施科教兴国，战略强化现代化建设人才支撑。为贯彻党的二十大精神，宣扬科普教育，为幼儿普及科学知识，教师应致力于营造讲科学、爱科学、学科学、用科学的良好氛围。例如，为了积极响应国家号召，开展“奇妙的水”(见图3-4-11)“小小科学家”(见图3-4-12)主题活动，幼儿在实验课程中不仅能玩得开心，还能轻松学会科学小知识，进而对大自然和科学现象产生好奇心和求知欲。

图 3-4-11　奇妙的水

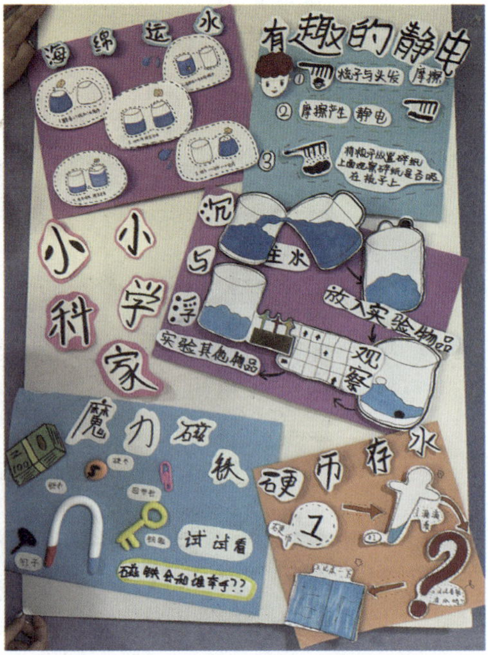

图 3-4-12　小小科学家

3) 建构区

建构游戏是幼儿利用各种不同的结构玩具或结构材料(如积木、金属片、七巧板、泥、沙、雪等)，通过与结构活动有关的各种动作构造物体形象，反映现实活动的一种游戏。在建构区(见图3-4-13)内，幼儿可以自由、自主地开展游戏，如图3-4-14所示，幼儿用积木搭出高低不同、形状各异的建筑物。建构区的活动不仅能使幼儿的基本动作得以协调发展，还有助于培养幼儿细心、耐心的性格，以及坚持克服困难等优良的品质。

在进行建构区环境创设时要注意，该区域不需要放置桌椅，这样不仅可以使空间更宽敞，让幼儿活动起来更舒适，还可以避免幼儿因空间不够宽敞而将积木搭到桌椅下面去。建构区的地面可以铺上各式地毯或地垫，这样幼儿就可以随意坐在地上进行游戏。地毯还能吸收噪声，降低幼儿在该区域活动时发出的声响，以免干扰其他幼儿。同时，建构区域内墙面或架子上可以张贴各种建筑物、交通工具、高速公路、桥梁、交通标志等的图片，从而开阔幼儿的眼界，丰富他们的建构题材，便于他们学习和再创造。取放积木时，幼儿必须来回穿梭于自己的作品和放置积木的架子之间，为避免积木作品被自己或同伴碰倒，教师应将架子与搭积木的区域分开，并做出明显的标记。例如，可以在架子前 40～50 厘米处用白色或红色、黄色的油漆标出明显的界限，提醒幼儿游戏时应与架子保持一定距离，如果担心油漆的印记不易清洗，可以用即时贴或胶布代替油漆。

图 3-4-13　建构区

图 3-4-14　搭积木

3. 技术制作类科学教育活动的环境创设

技术制作类科学教育活动旨在让幼儿学习制作产品，使用科技产品，以真实的科学本质为基础，逐渐获得对科学技术的基础认识。对于技术制作类科学教育活动的环境创设，需要注意以下两点。

1) 借助社会资源

技术制作类科学教育活动可以让幼儿亲身经历“技术设计”的过程，如制作简易浇水壶、不倒翁、灯泡(见图3-4-15)等，这个过程可以让幼儿对技术的本质获得初步的认识，但是也正是这种技术的要求，教师在开展此类活动的时候，往往需要提供一些资源和智力支持。

图 3-4-15　小灯泡发光记

2) 提供充足的操作时间

技术制作类科学教育活动以幼儿最大限度的参与为目的，让幼儿充分感受和操作简单的科技产品，学习使用工具，设计并开展小制作，学习在操作中发现问题，在设计实践中尝试解决问题。也就是说，让幼儿尝试制作是此类活动的重要环节，活动中应该给幼儿充足的操作时间，鼓励幼儿大胆尝试，对幼儿的想法加以支持。

4. 交流讨论类科学教育活动的环境创设

交流讨论类科学教育活动是指幼儿在亲自探究与收集资料、整理资料的基础上，通过集体交流讨论等手段获取科学知识的一种科学教育活动。对于交流讨论类科学教育活动的环境创设，需要注意以下两点。

1) 建立民主课堂，创造平等对话的环境

教师在引导交流讨论的过程中，既要面向全体，又要照顾个别幼儿的需要。教师与幼儿交流时不应该用教育的口吻，而要用平等对话的语气。教师不要预设结论，而应认真、耐心地倾听幼儿的观点，把充足的时间留给幼儿。对于幼儿的讨论，应及时给予反馈，多鼓励、支持；对于错误的回答，不要急于否定、急于纠正，而要启发幼儿运用已有的经验再思考。教师既要鼓励幼儿大胆讲述自己的经验，又要培养幼儿尊重他人、善于倾听的习惯，使交流讨论成为真正的“社会建构”学习。如在关于“纸”的系列活动(见图3-4-16)中，让幼儿通过观察、实验知道纸的特性及用途，教育幼儿节约用纸，幼儿自由谈论纸的起源、制作方法、制作过程等。让幼儿知道中国是世界上最早发明造纸术的国家，造纸术是我国古代四大发明之一，激发幼儿身为中国人的自豪感。

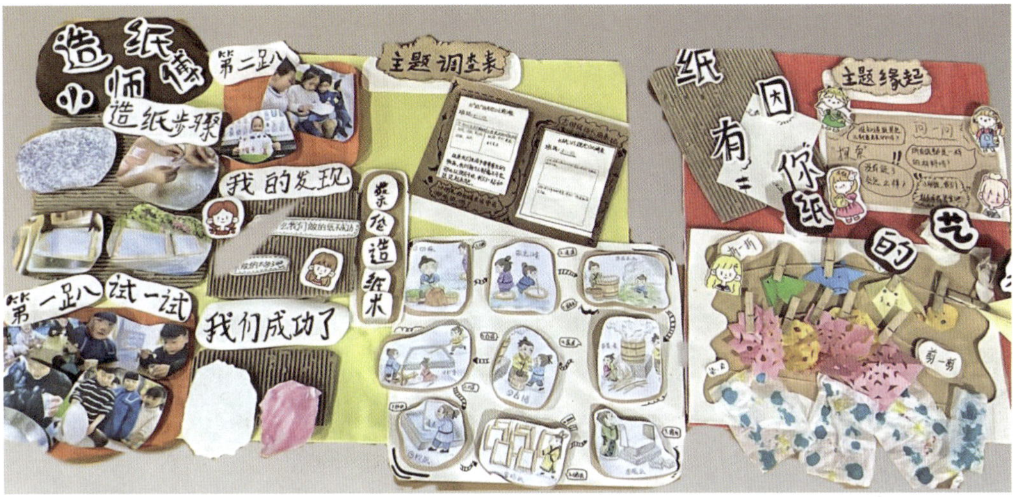

图 3-4-16　“纸”主题活动

2) 提供允许幼儿利用多种手段表达科学认识的环境

交流并不局限于语言，它还包括非语言方式，如图像记录、手势、动作、表情、艺术表演、作品展示、图画展览等。可以说，幼儿表达认知的方式是多样的，教师应积极鼓励幼儿运用熟悉的、易于交流的各种方式表达，使交流的形式丰富多彩。同时，讨论的形式也可以多样化，如开展生动有趣的“古法造纸”(见图3-4-17)活动。通过这项活动，小朋友们不但知道了造纸术是中国古代的四大发明之一，也了解了造纸的简单工序，提高了对“纸”的兴趣，真正做到了参与生活实践，在做中学、玩中学。

图 3-4-17　古法造纸

此外，还可以运用适当多样化的教育手段(如多媒体资料) 进行引导和补充，避免灌输式教育，将交流讨论活动变成幼儿学习科学知识的课堂。

5. 数学类科学教育活动的环境创设

数学领域的环境创设是幼儿园开展数学教育活动的主要途径。对于数学类科学教育活动的环境创设，需要注意以下两点。

1) 因地制宜，立足幼儿的实际生活

对大部分幼儿来说，数学概念还没有成为头脑中的一个抽象逻辑体系。从数学知识本身的特点来看，对于很多抽象的数学概念，如果不借助具体的事物，幼儿便很难理解。而现实生活为幼儿提供了通向抽象数学知识的桥梁。对于数学类科学教育活动，生活中有大量的材料可供幼儿进行数学活动，如石子、木棍和小瓶子等实物(见图3-4-18)。同时，教师可以创设一个数学生活情境，通过环境让幼儿参与活动，尝试用数学的方法解决问题，认识数字。

图 3-4-18　数学区材料

2) 创设优化的操作环境

幼儿思维中逻辑的构建始于动作，幼儿学习数学时应从外部形式的活动(即对物体的操作)开始，在操作和积极的探究过程中逐步实现由直接感知表象，到构建基础数学概念的转换。

教师在开展数学活动时，应指导幼儿进行操作活动。首先，要为幼儿提供合适的、充足的操作材料，使每个幼儿都能在自己的水平上充分地与材料互动(见图3-4-19)，获得丰富的感性经验；其次，在幼儿操作前，应向幼儿说明操作的目的、要求和具体的操作方法；最后，在幼儿操作后，要和幼儿一起讨论他们操作的结果，帮助幼儿整理和归纳他们在操作中获得的感性经验，促使外部感知经验向内部思维转化。

科学的多感官操作是幼儿探索外部世界的重要途径，所以科学探究活动要把握好幼儿年龄特点，注重材料的层次性。幼儿的世界是美好的世界，让我们不断努力，给幼儿提供积极支持的环境、充裕的空间和材料，以及充满爱的氛围，让孩子健康、快乐地成长！

图 3-4-19　互动游戏

3.4.5　科学领域环境创设作品赏析

图3-4-20～图3-4-27展示了科学领域环境创设的一些优秀作品，可供学习和赏析。

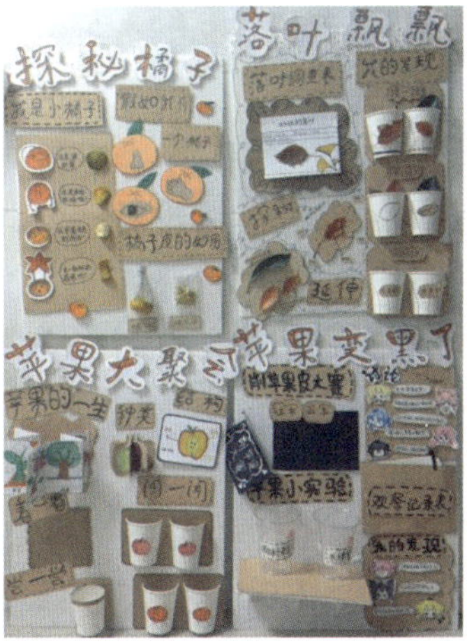

图 3-4-20　探秘水果

图 3-4-21　垃圾分类

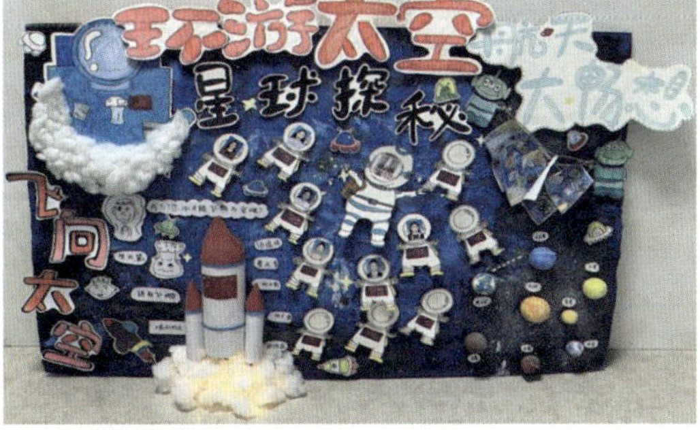

图 3-4-22　环游太空

图 3-4-23　乘风破浪

图 3-4-24　管道大集合

图 3-4-25　小齿轮本领大

图 3-4-26　神奇的种子

图 3-4-27　我们的地球

任务3.5　艺术领域的环境创设

艺术是人们进行情感和思想交流的一种文化形式，也是人类精神活动的特殊形式。对幼儿进行艺术教育，可以开发幼儿空间想象能力和创造力，使其大脑的潜能得到开发和发展。

3.5.1　幼儿园艺术教育的目标

幼儿园艺术教育的目标主要包括感受与欣赏、表现与创造两方面，详见表3-5，该表还给出了详细的指导建议。

表3-5　幼儿园艺术教育的目标

感受与欣赏	喜欢自然界与生活中美的事物	1. 和幼儿一起感受、发现和欣赏自然环境和人文景观中美的事物 2. 和幼儿一起发现美的事物的特征，感受和欣赏美

(续表)

感受与欣赏	喜欢欣赏多种多样的艺术形式和作品	1. 创造条件让幼儿接触多种艺术形式和作品 2. 尊重幼儿的兴趣和独特感受，理解他们欣赏时的行为
表现与创造	喜欢进行艺术活动并大胆表现	1. 创造机会和条件，支持幼儿自发的艺术表现和创造 2. 营造安全的心理氛围，让幼儿敢于并乐于表达、表现
	具有初步的艺术表现与创造能力	尊重幼儿自发的表现和创造，并给予适当的指导。如： 1. 鼓励幼儿在生活中细心观察、体验，为艺术活动积累经验与素材，例如，观察不同树种的形态、色彩等 2. 提供丰富的材料，如图书、照片、绘画或音乐作品等，让幼儿自主选择，用自己喜欢的方式去模仿或创作，成人不做过多要求 3. 根据幼儿的生活经验，与幼儿共同确定艺术表现的主题，引导幼儿围绕主题展开想象，进行艺术表现 4. 不宜在幼儿绘画时提供范画，特别不应要求幼儿完全按照范画来画 5. 肯定幼儿作品的优点，用表达自己感受的方式引导其提高。例如，“你的画用了这么多红颜色，感觉就像过年一样喜庆”“你画的大灰狼真像，要是表情再凶一点就更好了”等

3.5.2　幼儿园艺术教育的特点

1. 情感性

在幼儿园教育中，主要将艺术教育作为情感启迪、情感交流、情感表达的手段，因此，幼儿园艺术教育是满足幼儿发现、表达情感需要的情感教育。

在艺术欣赏教育活动中，教师为幼儿精心选择艺术作品，引导他们感受其审美特征，体验其中所凝聚的艺术家的思想情感，让幼儿通过感知在情感上产生共鸣，获得美的感受，从而识别作品中反映的美与丑、悲与喜、是与非。例如在活动课中，教师带领幼儿欣赏罗中立的油画《父亲》(见图3-5-1)，通过仔细观察画面中人物的脸和手，可以体会到作品对灵魂的震撼，能够大胆猜测作品中人物的经历，说出自己的心理经历，让幼儿感受农民的勤劳和伟大。幼儿用自己的经验和想象力解释自己看到的东西，并用自己的情感与作品产生共鸣。而且幼儿可以用自己的身体动作、语言、绘画(见图3-5-2)或手工操作等形式尽情、自由地抒发自己的情感。

2. 创造性

在幼儿园的教育、教学实践中，教师引导幼儿用自己的眼光和表现方式去感受、体验艺术作品中的形象、情感，启发他们大胆地想象，运用艺术的形式表现出来(如图3-5-3所示)，使得幼儿的艺术作品(见图3-5-4)显示出稚拙的情趣以及成人艺术无可比拟的独特魅力，这就是幼儿艺术创造力的表现，也是幼儿园艺术教育的灵魂所在。可见，幼儿园艺术教育具有培养幼儿想象力和创造力的独特价值。

图 3-5-1 《父亲》

图 3-5-2 幼儿绘画

图 3-5-3 户外写生

图 3-5-4 作品墙

3. 愉悦性

幼儿不拘一格的绘画(见图3-5-5、图3-5-6)、兴高采烈的舞蹈，都是富有个性的创意。他们通过这些艺术活动创造性地表现心灵美、自然美，而且幼儿在一系列创作、表演、展示、欣赏、交流等活动中，会获得前所未有的成功感和自信心，这也是他们感到无比愉悦和满足的主要源泉。更重要的是，幼儿对各种艺术要素的感知、体验，以及在丰富的审美经验中产生的直觉、想象，可以使他们在生活和学习中变得愉悦起来。

4. 操作性

幼儿园艺术教育是培养幼儿手、眼、脑、动作等协调活动的操作教育。如图3-5-7所示，幼儿在艺术活动中将自己对艺术的感受传达给他人，他们需要用脑去想象、理解、加工艺术形象，用语言表达感受，用手操作材料，并用肢体动作去表现形象。

图 3-5-5　百米长卷

图 3-5-6　有趣的声音

图 3-5-7　幼儿绘画

3.5.3　艺术领域对环境创设的基本要求

1. 增强幼儿的感知能力，为幼儿创造充满情感色彩的环境

充满情感色彩的环境，一方面是指教师为幼儿创设宽松、愉快的心理环境，让幼儿在身心达到最佳状态的情况下，体验自我情感表达和与他人进行情感沟通的愉悦；另一方面是指教师引导幼儿动用多种感官观察、感受艺术作品和周围环境中事物的审美特征，提高幼儿的审美感知能力和审美体验能力，进而让幼儿充分体会到艺术作品中的情感或为幼儿表达情感提供表象。

因此，活动室内外的布置、各活动区角的创设(见图3-5-8、图3-5-9)应尽量做到和谐优美、造型生动、色彩鲜明，符合幼儿的审美情趣。同时，要注意运用艺术化的语言引导幼儿去感知对象的声音、形状、色彩等艺术特点。

2. 提供适宜进行创造的艺术活动机会和物质条件

教师要允许幼儿自由表达，鼓励幼儿独立、自由地创作。当他们因自编自唱、乱涂乱画而兴致勃勃时，教师切不可用“对不对”“像不像”等成人固定的思维模式去限制他们或盲目否定，而应敏感地捕捉创造性思维的闪光点，创设激励创造的环境。在幼儿独立地完成一次创造后，教师可用积极的语言或动作鼓励幼儿的创造行为，使幼儿在轻松、自由、愉快的环境中充分展示自己的创造才能。

此外，丰富的物质材料可以激发幼儿创造的欲望，因此，教师应尽可能地为幼儿提供丰富多样的、便于开展艺术活动的材料(见图3-5-10、图3-5-11)，如各种手工制作材料、颜料、彩笔、表演道具、图片、乐器等。同时，教师要耐心指导幼儿正确使用材料，但这种指导不是代替幼儿进行创作，而是把材料使用方法、艺术创作的一般过程呈现给幼儿，帮助他们举一反三，触类旁通。

图 3-5-8　门窗设计

图 3-5-9　走廊墙面设计

图 3-5-10　绘画材料

图 3-5-11　陶艺室

3.5.4　艺术领域教学活动的环境创设

幼儿园艺术领域的教学活动通常可分为音乐教学活动和美术教学活动。这两类教学活动由于自身特性不同，对环境创设的要求也有所不同。

1. 音乐教学活动的环境创设

幼儿园音乐教学活动需要培养幼儿通过自己真实的表演来表达情感、表现音乐的能力，因此，要为幼儿提供丰富的表演情境。

1) 创设一个充满活力的环境，让幼儿积极主动地投入

幼儿园音乐教育需要幼儿在听、唱、动、奏等实践活动中，学习参与音乐活动所必需的技能。所以，幼儿园音乐教学环境应当是开放的、充满活力的，这样幼儿才会在愉快的气氛中不知不觉地受到教育。充满活力的教学环境应该是这样的：教师全身心投入，能不断激发幼儿的兴趣；幼儿全身心投入，在活动中能大胆地表达和表现，能感受到音乐的魅力。

2) 创设表演情境，给幼儿展示的舞台

幼儿喜欢表演，喜欢展示自己，他们的音乐能力也是在不断的表现过程中逐渐发展起来的。因此，要为幼儿创造丰富的表演情境，如图3-5-12、图3-5-13所示，为他们提供利用歌、舞、奏等多种形式表现音乐的条件、机会和可能。

图 3-5-12　集体舞蹈

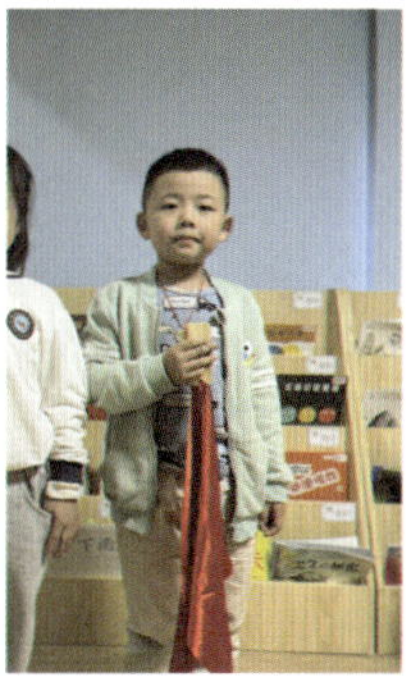

图 3-5-13　说快板

2. 美术教学活动的环境创设

幼儿园美术教学活动以培养幼儿的审美创造能力为核心，其环境创设需要注意以下两点。

1) 营造一个自由、轻松的美术活动氛围

在美术教学活动中，幼儿占主体地位，教师既要充当幼儿的支持者，又要充当幼儿可以信赖的朋友，这样既可以防止幼儿囿于教师的示范而泯灭童心、童趣，又可以促使幼儿独立思考，萌发想象力，还可以让他们无拘无束地进行创造。特别需要指出的是，对于幼儿表现出来的“怪想法”和一些“四不像”的作品(见图3-5-14)，教师应当予以充分肯定和鼓励，不应当千方百计地“改变”和“塑造”幼儿。

图 3-5-14　猫咪想过冬

2) 美工区提供一个幼儿自愿接受的学习环境

幼儿园美术教学活动环境创设的一个重点是美工区的创设，幼儿园美工区是幼儿进行自由欣赏和创作的重要场所，是幼儿感受美、表现美的小天地，它为幼儿游戏、学习与创作提供适当的环境和条件，同时营造宽松、愉快的氛围。美工区是幼儿园各班级常设的一个活动区，是幼儿园美工教学的重要补充形式。如图3-5-15所示，在该区内，幼儿可以操作各种材料，按照自己的意愿和兴趣来表达自己的体验和情感，施展自己的才能，并享受创造活动的快乐，获得精神上的满足。

美术教学不同于一般的理论科目，它要靠思想的启迪和情感的激励来唤起幼儿创作的意识。

首先，要让幼儿对所画、所做的内容和形象有强烈的兴趣。要用童心去想幼儿所想，用幼儿喜闻乐见的形式去激活他们的创作欲望，让他们内心产生创作的冲动，使其乐于进行美术活动。

其次，要配合教学内容开展丰富多彩的认知活动，不仅可以让幼儿捕捉、观察事物的瞬间变化，还可以让幼儿做长期的观察。例如，在认识蝉的活动(见图3-5-16)中，教师带领小朋友到户外去观察，去创作，感受大自然的美。

图 3-5-15　美工区

图 3-5-16　美术活动“蝉”

设计美工区域环境的时候，教师应周密地考虑区域内颜色、形状、结构、线条和图案的空间安排，要突出艺术性，做到陈设简洁美观，色彩鲜明和谐、富有吸引力并符合幼儿的审美情趣，以便培养幼儿的审美感知、审美情感和审美创造等基本能力。美工区域首先要主题鲜明，其次要充分利用空间。可以通过墙饰、吊饰、桌面摆台、和谐的颜色搭配和数量累积，形成错落有致的空间布局。例如，在空间中布置一些同类别但不同形状的作品造型：一个随意涂鸦的托盘、一张用了很久的画布、一个布满颜料的画桌、一架迷你织布机、几个陶艺转盘等。

美工区可以悬挂各类美术作品，如绘画、雕塑、剪纸等(见图3-5-17)，教师应定期更换区域中的各类美术作品，让幼儿了解更多的艺术作品。将幼儿的美术作品平贴在展示栏或作品角是教师常用的一种展示方式。除此之外，还可以用即时贴、彩色纸或丝带做一个大框架，将幼儿的美术作品框起来进行展示。注意，张贴作品的高度要与幼儿的水平视线高度一致，而不是和成人的水平视线高度一致。还要注意，作品展示要有适合的平面和展台，作品的完成程度要有所区分，可以将孩子的作品粘贴成一个造型。当然，巧妙地利用光源也是一种好方法。美工区作品的布置是营造整个区域氛围的关键，是展现幼儿动手能力、老师教学效果、班级主题的重要途径。

图 3-5-17　美术作品

幼儿园美工区活动是幼儿园美工教学的重要补充形式。这样构建出来的美工区就像一座小小的艺术殿堂，孩子们在里面尽情地发挥想象，接受高质量的审美熏陶，按照自己的意愿和兴趣来表达自己的体验和情感，施展自己的才能，享受创造活动的快乐。一般而言，教师为美工区准备的材料主要包括欣赏类、绘画类和手工类材料。

3.5.5　艺术领域环境创设作品赏析

图3-5-18～图3-5-25展示了艺术领域环境创设的一些优秀作品，可供学习和赏析。

图 3-5-18　色彩大爆炸

图 3-5-19　我眼中的彩虹

图 3-5-20　创意美术

图 3-5-21　音乐与舞蹈

图 3-5-22　初识颜色变化

图 3-5-23　演出步骤

图 3-5-24　彩色大集合

图 3-5-25　秋日博物馆

任务3.6 幼儿园各领域活动区的环境创设技能实训

模拟实训 1：角色游戏区环境的创设

微缩的仿真环境有助于幼儿模拟和再现各种现实生活场景，拓展游戏情节，对幼儿游戏水平的提高有很大作用。教师在设计与布置角色游戏区的时候，应尽量利用各种材料，通过精心设计、巧手制作，为幼儿创设一个仿真的环境，让幼儿在温馨、愉快的游戏环境中更好地游戏。

1. 区域布局

角色游戏区在活动室的区域布局中应该占用一块较大的范围。角色游戏区应远离比较安静的益智区和阅读区。同时，由于角色扮演游戏和建构游戏之间经常发生联系，建构区的声音也比较嘈杂，因此，可将角色游戏区尽量靠近建构区。

至于角色游戏区的区域隔断，可专门设计、制作一些多功能的趣味化家具，也可采用一些普通家具、低隔板、矮架子以及各种纸箱、积木等将特定的区域围起来，以确定本区的活动范围。

2. 主题环境设计

由于幼儿角色扮演游戏的主题种类多，教师很难在角色游戏区内同时设置很多主题区域，因此，教师可以根据本班活动室的空间情况，在一段时间内，选择性地安排1～4个主题区域供幼儿活动。

设计主题环境时，应尽量创建一个仿真的环境，以激发幼儿的兴趣，使幼儿游戏时如同身临其境一般，满足他们操作的欲望。

3. 区域管理

角色游戏区的主题种类较多，在每一主题区域的布置过程中，教师都应积极地按照相应角色对环境的不同需求去设计、布置，并准备丰富的操作材料。

此外，使用道具箱进行收纳也是整理材料的一个较为有效的方法。道具箱可以是塑料收纳箱，也可以是用纸箱制作的，箱子外面应贴上标记以说明箱子里存放的材料种类。教师可以按照角色游戏的主题对材料进行分类，把与某个具体的角色游戏主题有关的材料都放进一个道具箱内，以便于取用和整理。

【实训目标】

1) 培养学生根据幼儿特点构思设计角色游戏主题仿真环境的能力。

2) 培养学生利用简易材料为幼儿创设游戏情境的能力。

【实训要求】

1) 参考图3-6-1，以大班“美食店”为主题，以小组为单位，利用综合材料，设计制作“美食店”所需的道具，并注明美食名称及售卖价格。

图 3-6-1　美食店

2) 写出设计方案，说明自己的设计思想及实施方法。

【实训考核】

根据有关主题的环境设计与整体效果为学生的设计方案评分。

模拟实训 2：自然角环境的创设

植物在它们的生命过程中都要经历出生、成长、繁殖、衰老直至死亡的过程。我们熟悉的绿色开花植物就是从一粒种子成长为一株植物的，在这株植物上又结出数粒种子，循环往复，延续它们的种族。在这样的生命过程中，植物体发生了哪些变化？植物体的各个部分分别起了什么作用呢？让我们通过观察、绘画、手工等形式，用科学绘本记录它的生长变化吧！

1. 区域布局

自然角在活动室内所占面积较小，所需材料简单、易备，效果直观、易懂，适合各年龄段的幼儿，尤其适合活动面积比较小的教室。教师可根据活动室场地的实际情况，利用窗台、墙角、柜面等空间在一角或多处设置自然角，还可以把它设置在过道、楼梯口等处。

2. 区域环境设计

自然角陈列的物品应高度适宜，便于幼儿随时观察、接触、取用。自然角是大自然的缩影，是人工设计的室内微缩景观。教师作为引导者，要通过相关的教育设计，指导幼儿通过多种途径、多种感官去感知动植物的形态构造、生活习性及生长发育过程等，满足他们的好奇心和求知欲，并培养他们热爱自然、探索自然的科学素养，使自然角真正成为幼儿与环境交互、与自然对话的平台。

3. 区域管理

小班幼儿主要是观察和协助教师做一些简单的工作，比如在教师示范的基础上给植物浇水，给小动物添食等；中班幼儿可以在教师的帮助下分工轮流照顾自然角的动植物，也可以集体清扫自然角，从而培养幼儿分工协作、互相帮助的好品质；大班幼儿应独立地做好自然角的管理工作，自己分工，建立值日交班制，教师在幼儿劳动过程中只起督导检查的作用。

【实训目标】

1) 加深学生对自然角区域理论知识的理解。

2) 使学生能根据幼儿特点，科学地进行自然区域环境创设。

3) 提高学生运用理论知识解决问题的能力。

【实训要求】

1) 参考图3-6-2，以“植物生长日记”为主题，分别设计适合小、中、大班幼儿的自然区域角。

图 3-6-2　植物生长日记

2) 写出设计方案，说明自己的设计思想及实施方法。

【实训考核】

根据有关主题的环境设计与整体效果为学生的设计方案评分。

模拟实训 3：阅读区环境的创设

阅读区是致力于使幼儿产生阅读兴趣、发现语言魅力的区域。让幼儿阅读图书，分享、讨论图书的内容，从而培养幼儿对画面和文字的理解能力，提高幼儿对阅读的兴趣。

1. 区域布局

根据幼儿的阅读需求，阅读区的位置选择应遵循“明亮”“安静”两个基本原则。

阅读区必须与角色游戏区、建构区等区域分隔开，以减少不同活动对幼儿阅读的影响和干扰。一般阅读区的两旁可设置科学区、电脑区等相对安静的区域，以便幼儿专注地阅读。

2. 区域环境设计

教师如果希望幼儿爱上阅读，就必须设法吸引幼儿来到阅读区，具体可从以下几个方面进行设计：①铺上一层色泽柔和的地垫或地毯，浅蓝色、淡绿色均适宜；②准备几个干净而美丽的抱枕或坐垫，如柔软的爱心抱枕、可爱的动物造型坐垫；③放上与教室里桌椅不同的可爱小桌子和小椅子；④提供能够充分展现图书封面且与幼儿身高相符的书架或卡通书袋；⑤根据图书的不同性质与种类选择适宜的呈现方式，或挂，或平铺，或垒高，或排列等，保持视觉的美感。总之，光线充足、环境温馨的阅读区更易激起幼儿的阅读兴趣。

3. 区域管理

为保持阅读区的规范、有序，要将图书放在相对固定的位置，并贴上标签，帮助幼儿养成物归原处的习惯。标签可以根据不同的年龄段进行设置，比如小班用小动物、常见水果的贴纸，中班用常见的图形或简单的数字，大班用文字或图形和数字的组合。此外，教师还应建立浅显易懂的使用规则，并用图文并茂的形式呈现，以帮助幼儿建立规则意识，使阅读活动有序进行。

【实训目标】

1) 培养学生根据幼儿兴趣特点进行读物分享的能力。

2) 培养学生利用手工材料为幼儿设计阅读区的能力。

【实训要求】

1) 参考图3-6-3，以“绘本推荐”为主题，分别为小、中、大班幼儿设计阅读区海报。

图 3-6-3　绘本推荐

2) 写出设计方案，说明自己的设计思想及实施方法。

3) 以小组为单位，利用废旧材料，设计好书推荐展板，并说明推荐的意义。

【实训考核】

根据有关主题的环境设计与整体效果为学生的设计方案评分。

模拟实训4：建构区环境的创设

建构游戏因宽松的游戏环境、丰富的游戏材料、愉悦的情绪体验而深受幼儿喜爱，它对培养幼儿的认知能力、动手操作能力、想象力、创造力等至关重要。

1. 区域布局

为避免建构区的声音干扰其他区域幼儿的活动，教师应遵循动静分隔的原则。

建构区最好只有一个入口，且不宜设置在通道上。教师可以将该区设置在活动室的某个角落，用大积木、木板、纸板、塑料箱、纸盒或栅栏等做隔墙，使该区域呈半封闭状。

2. 区域环境设计

建构区不需要放置桌椅，这样不仅可以使空间更宽敞，让孩子们活动起来更加舒适，还可以防止幼儿因空间不够而将积木搭到桌椅下面去。

建构区的地面可以铺上各式地毯或地垫，以便幼儿随意坐在地上进行游戏。同时，建构区域内墙面或架子上可以张贴各种建筑物、交通工具、高速公路、桥梁、交通标志等的图片，从而开阔幼儿的眼界，丰富其建构题材，便于他们学习和再创造。

3. 区域管理

建构区的各种积木都应存放于柜子或架子上，架子和柜子的高度应以方便幼儿取放为准。教师应当用图示标记的方式，将不同类型、大小的积木分别存放于不同的柜子或架子中，并贴上标签，标签应符合积木的实际形状和大小。

【实训目标】

1) 培养学生根据幼儿兴趣特点进行建构区环境创设的能力。

2) 提高学生运用理论知识解决问题的能力。

【实训要求】

1) 参考图3-6-4，以小组为单位，自拟主题，分别为小、中、大班幼儿设计建构区环境。

2) 写出设计方案并说明自己的设计思想及实施方法。

【实训考核】

根据有关主题的环境设计与整体效果为学生的设计方案评分。

图 3-6-4 建构区

模拟实训 5：美工区环境的创设

美工区应该成为一个让幼儿感受美、表现美的小天地，为他们的游戏、学习与创作提供适当的环境和条件。教师应当营造良好的艺术氛围，使幼儿自由地观察、欣赏各种不同的艺术品，任意选用不同的工具和材料，并根据自己的兴趣和意愿与同伴友好地合作，在宽松、愉快的环境中尽情发挥创造性思维，发掘他们的创造潜能，有条理地进行各种美工活动，创造性地表达自己的情感与认识，从而塑造幼儿的审美能力。

1. 区域布局

美工活动比较安静，因此，美工区可与阅读区、益智区、电脑区等毗邻。同时，美工区应设置在光线充足、靠近水源的地方。光线充足有利于幼儿观察和创作，保护视力；靠近水源则方便幼儿洗手，清洗画笔，清洁桌面和地板。

2. 区域环境设计

设计美工区域环境的时候，教师应周密地考虑区域内颜色、形状、结构、线条和图案的空间安排，要突出艺术性，做到陈设简洁美观，色彩鲜明和谐、富有吸引力，并符合幼儿的审美情趣，以便培养幼儿的审美感知、审美情感和审美创造等基本能力。

3. 区域管理

美工区的各类材料对幼儿来说应该是开放的，这就需要教师将材料合理地整理、归类，以便幼儿自由取放。区内的柜子或架子应是敞开式的，里面所摆放的材料应让幼儿随手可得。当然，不能把危险的、稀有的、易损毁的材料放在幼儿能轻易拿到的地方。

【实训目标】

1) 培养学生根据幼儿兴趣特点进行美工区环境创设的能力。

2) 提高学生运用理论知识解决问题的能力。

【实训要求】

1) 参考图3-6-5，以小组为单位，自拟主题，分别为小、中、大班幼儿设计美工区环境。

图 3-6-5　美术与音乐

2) 写出设计方案并说明自己的设计思想及实施方法。

【实训考核】

根据有关主题的环境设计与整体效果为学生的设计方案评分。

课后习题

1. 幼儿园美术教育对环境创设的基本要求有哪些？
2. 在人际交往教育活动的环境创设过程中，需要注意哪些事项？
3. 在交流讨论类科学教育活动的环境创设过程中，需要注意哪些事项？
4. 如何设计美工区的区域环境？
5. 如何管理自然角？

【幼儿教资考点聚焦】

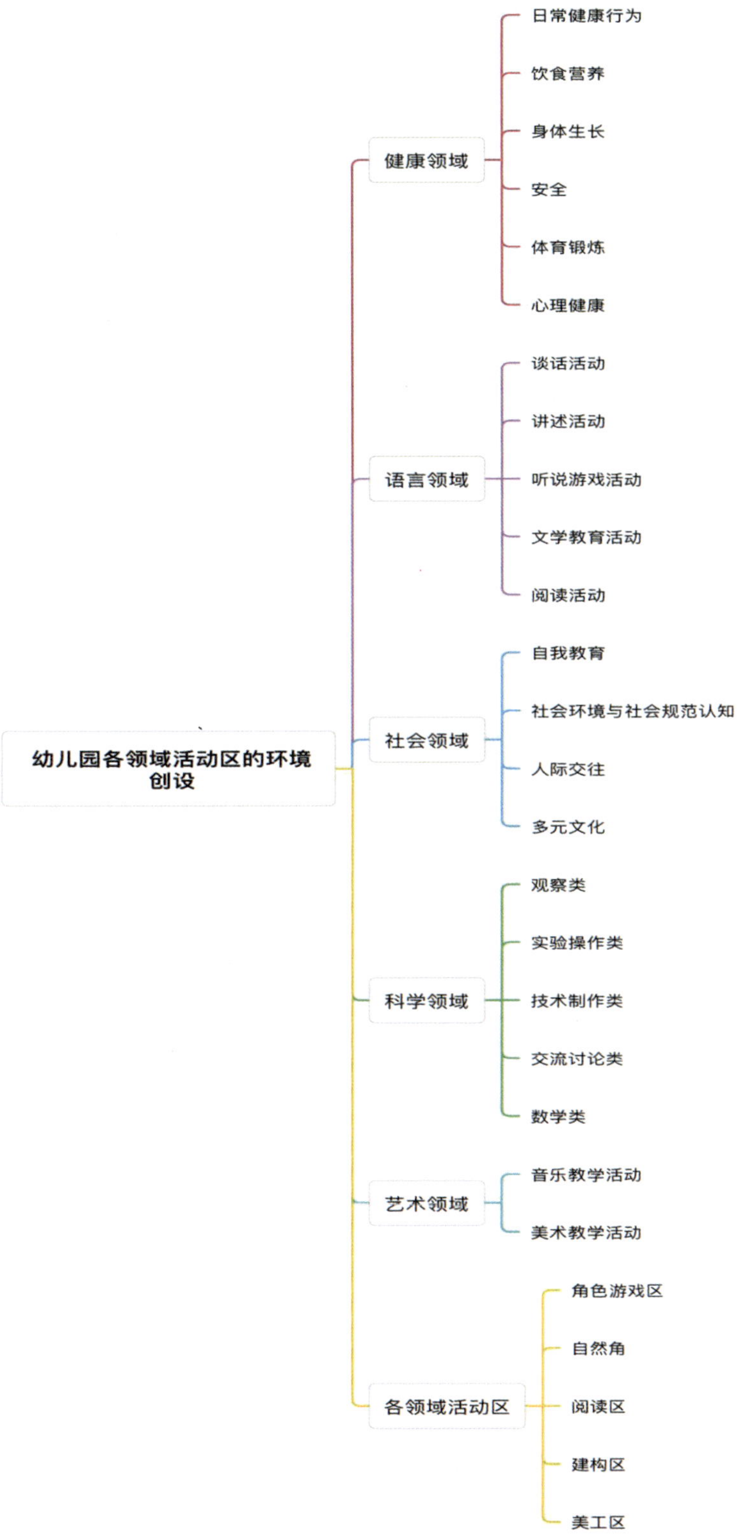
幼儿园各领域活动区的环境创设
健康领域
日常健康行为
饮食营养
身体生长
安全
体育锻炼
心理健康
语言领域
谈话活动
讲述活动
听说游戏活动
文学教育活动
阅读活动
社会领域
自我教育
社会环境与社会规范认知
人际交往
多元文化
科学领域
观察类
实验操作类
技术制作类
交流讨论类
数学类
艺术领域
音乐教学活动
美术教学活动
各领域活动区
角色游戏区
自然角
阅读区
建构区
美工区

【往年教资真题再现】

1. 以下关于幼儿园角色游戏区的教育功能的说法错误的是（　　）。

A. 能够满足幼儿模仿成人世界的需要

B. 是幼儿扩大生活经验、发展语言能力的有效途径

C. 是幼儿理解他人情感和需要的有效途径

D. 是幼儿审美和创造的过程

2. 幼儿园活动区域设置的依据不包括（　　）。

A. 教育目标

B. 幼儿的兴趣和发展需要

C. 主题活动发展进程

D. 教师教学风格

3. 幼儿园的环境创设主要是指（　　）。

A. 购买大型玩具　　B. 安装塑胶地板

C. 合格的物质条件和良好的精神环境　　D. 选择较清静的场所

4. 幼儿园在创设环境时，因地制宜、就地取材、一物多用、注重美观，遵循了幼儿园环境创设的（　　）。

A. 开放性原则　　B. 经济美观性原则

C. 发展适宜性原则　　D. 多样性原则

5. 由于幼儿动手能力较差，在许多情况下教师需要发动家长帮忙制作装饰材料或收集可利用的废旧品等。这体现了环境创设的（　　）。

A. 一致性原则　　B. 幼儿参与性原则

C. 开放性原则　　D. 经济性原则

6. 下列关于幼儿园环境创设的说法正确的是（　　）。

A. 环境创设时要重视幼儿智力开发和身体发育，因为受到幼儿身体限制，劳动教育可以忽视

B. 幼儿园属于集体教育，因此难以照顾幼儿发展的个体差异，教师在进行环境创设的时候只能遵循统一的原则

C. 教师必须根据教育的要求和儿童的特点有效控制环境的各种要素以维持环境的动态平衡

D. 我国经济发展水平已经很高了，在幼儿园硬件设施上应该上一个层次

7. 面试——结构化面试

孩子们在区域活动的时候特别乱，老师却不管并说让他们自由活动。对此，你怎么看？

【教资真题再现答案汇总】

1. D　　2. D　　3. C　　4. B　　5. C　　6. C

7. 【参考答案】

① 让幼儿自由活动的理念是符合幼儿教学要求的，但当幼儿出现问题时，老师要适时介入、引导，而不是放任自流，否则会失去区域自由活动的意义。

② 对老师的行为进行分析。区域活动的目的是让幼儿在活动中充分表现自己的能力。如果老师过于限制幼儿的自由，就无法实现区域活动的作用。但是，老师也不能让幼儿在区域活动时过于“自由发挥”。所谓“无规矩不成方圆”，盲目地给孩子自由，会导致活动秩序混乱，无法实现活动的意义，更不能达到在活动中培养孩子规则意识和团队合作意识的目的。

③ 提出建议。老师需要让自由和规则并存，在设定规则的基础上让孩子们充分发挥自己的想象力和创造力。比如，合理创设区域活动的空间位置，确定活动的时间和规则，做好活动的合作者、引导者，这样才能真正达到区域活动的目的。

项目4 幼儿园主题活动的环境创设

【引言】

幼儿园主题活动的产生依赖于周围的环境。一般来说，主题活动环境的创设与特色活动的展示都是在一定的主题网络的基础上，根据活动需要逐渐进行的。

主题活动是教师与幼儿在特定的教育情境中，围绕主题开展的开放式探索活动。环境生成主题活动，是延伸、拓展主题活动的源泉。主题活动的展开是教师、幼儿、教育环境资源以及主题等要素之间相互作用的过程。教师应积极创设与主题活动相适应的环境，让幼儿在主题活动中通过与环境的互动，进行有效的探索和学习。

【学习目标】

知识目标：

了解主题活动的概念和基本特点，了解主题活动与幼儿园环境创设的关系。

能力目标：

了解幼儿园主题活动展开过程中环境创设的跟进，尝试创设幼儿园主题活动环境。

素质目标：

感受主题活动的内涵，明确幼儿园主题活动环境创设的教育价值，提高“知幼儿、爱幼儿”的职业责任心。

【模块流程】

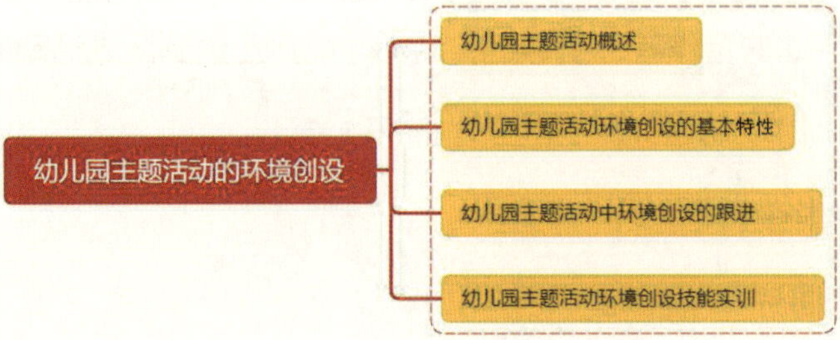

【案例导入】[1]

中秋佳节将至，为了让孩子们对节日形成全方位立体的认识，各班积极忙碌起来。何老师和副班老师在班级环境布置中，按照自己的想法，从自己的角度出发，根据兴趣和拥有的资源，为班级装饰了灯笼挂饰、灯谜对联、舞狮图画等。教室里一片张灯结彩的景象，好不热闹，处处洋溢着节日的喜庆。但是装饰过多，能用的少，表面上的丰富却造成了实际教育内容的空洞，环境创设过于形式化。布置过程中，老师一手包办，极少让幼儿参与其中，而且动手操作少，仅让幼儿展示自己的作品以点缀环境。布置好后，环境美观大方。为了保持精心设计的环境，何老师宣布，不能随便触摸和损坏教室中的布置。幼儿只能眼巴巴地望着，极少能够动手玩，自主探索也越来越少，失去了动手操作的自主性，这让幼儿感受不到节日给他们带来的快乐。

【问题】

幼儿园主题活动的特点是什么？在主题活动中教师要为幼儿提供怎样的机会和条件？要营造怎样的活动气氛，让幼儿最大限度地参与到主题活动的环境创设中？

任务4.1　幼儿园主题活动概述

4.1.1　主题活动概念

主题活动是指在一段时间内，教师与幼儿共同围绕具有内在关系或某一价值关联的内容(即主题)来组织的教育活动。

主题活动打破学科与学科之间的界限，即根据主题的中心内容，确定主题展开的基本线索，依据这些基本线索确定主题的基本内容，并创设相应的教育环境，组织开展一系列教育活动，让幼儿对主题活动展开学习，从而获得与主题有关的较为完整的知识和经验。

党的二十大报告指出，坚持和发展马克思主义，必须同中国具体实际相结合、同中华优秀传统文化相结合。要弘扬革命文化，传承中华优秀传统文化，满足人民日益增长的精神文化需求，巩固全党全国各族人民团结奋斗的共同思想基础，不断提升国家文化软实力和中华文化影响力。基于此，可以在幼儿园开展以“中华优秀传统文化”(见图4-1-1)“革命文化”(见图4-1-2)为主题的活动。幼儿园可根据该主题的核心内容，创设相关的教育环境，组织开展一系列教育活动。教师要充分调动幼儿群体、教师群体、幼儿园、家庭及社区等多方面资源创设幼儿的学习环境，为主题服务，在实施时还要关注幼儿的学习活动情况，调整活动方案，使主题深化，使幼儿获得与主题中心内容相联系的较为完整的经验。

① 资料来源：李贞. 幼儿园环境创设 [M]. 镇江：江苏大学出版社，2013.

图 4-1-1　中华优秀传统文化

图 4-1-2　传承红色精神

4.1.2　主题活动的特点

幼儿园主题活动是教师与幼儿在特定的教育环境中围绕某一主题开展的学习活动，在这个过程中，幼儿园的主题活动体现出以下特点。

1. 主题活动具有延续性和综合性

幼儿园主题活动的中心内容通常是就一个问题或一个时间展开的，是一个“系统工程”，在实践上具有延续性。在内容和组织上，幼儿园的主题活动会将各个学科之间的学习活动有机地联系起来，即各个学科之间不是分散的，而是相互关联、相互影响的。这些主题活动的内容通常很自然地包含着多个学科领域，如图4-1-3所示，当前幼儿园开展的主题活动通常是与五大领域结合在一起的。活动主题的选择与开展会受到领域目标、内容的影响，同时这些领域目标、内容反过来又会影响主题活动的选择。但各领域在幼儿园主题活动中的比重不是均等的，会受主题活动自身的特点、幼儿特点、资源特点等因素影响。这就体现了主题活动综合性的特点。

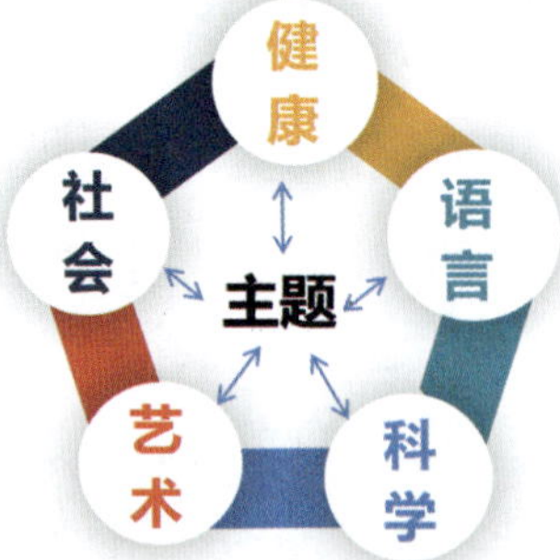

图 4-1-3　主题活动与五大领域的有机关联

2. 主题活动更能体现生活化，注重系统协调性

幼儿园主题活动的开展是一个将教师、幼儿、教育环境资源以及主题等有机结合的过程。主题活动的开展离不开以下要素的协调，包括：具有一定知识储备和教学智慧的教师；能够与幼儿自身需求、生活习惯以及已有知识经验相契合的具有价值的适宜主题；幼儿园提供的所需的教育资源与教育环境；具备基本学科知识与能力的幼儿及相邻主题之间的衔接。

在主题活动中，活动过程的成功取决于各个要素之间的协调运转，任何一个要素如果难以与活动过程产生有效互动，那么主题活动的预期目标将难以达到。

3. 主题活动更加注重幼儿的体验和感受，即动态生成性

开展幼儿园主题活动的对象是教师与幼儿。主题活动的目标包括预设目标和生成目标。在主题活动过程中，教师会以预设目标为基础，随着主题活动的变化，及时捕捉教师、幼儿与主题活动之间的互动，不断丰富主题活动内容，不断动态生成主题活动目标。主题活动目标的动态生成充分发挥了教师与幼儿的主体性，即主题活动的教学内容是由教师与幼儿在主题活动中共同建构、不断创造的。不断动态生成的主题活动目标与不断丰富的主题活动内容使主题活动具有动态生成性的特点。

党的二十大报告指出，提高全社会文明程度。实施公民道德建设工程，弘扬中华传统美德，加强家庭、家教、家风建设，加强和改进未成年人思想道德建设，推动明大德、守公德、严私德，提高人民道德水准和文明素养。统筹推动文明培育、文明实践、文明创建，推进城乡精神文明建设融合发展。可先在幼儿园中开展以“文明礼仪”为主题的活动，随后在此基础上生成“交往礼仪”(见图4-1-4)“用餐礼仪”(见图4-1-5)“交通礼仪”(见图4-1-6)等主题活动，幼儿教师可根据主题活动进行环境创设。

图 4-1-4　交往礼仪

图 4-1-5　用餐礼仪

图 4-1-6　交通礼仪

4.1.3　幼儿园主题活动与环境创设之间的关系

1. 环境生成主题活动

瑞吉欧认为，环境生成课程，课程主题来源于幼儿与环境的相互作用。幼儿园环境创设是幼儿进行主题活动探索和学习的强有力支持。幼儿园主题活动的产生依赖于幼儿周围的环境，幼儿对周围环境的探索、观察能够引发幼儿对活动的关注，因而有助于主题活动

的产生。如环境中某一要素成为幼儿之间的中心话题，教师可引导幼儿围绕这一话题进行讨论，并通过观察以确定是否将这一中心话题发展成主题活动。

2. 环境是延伸、拓展主题活动的源泉

幼儿园主题活动开展过程中，主题活动一旦确立，教师就会与幼儿一同为主题活动的环境进行创设，这就需要相应物质材料和活动空间的支持。离开二者的支持，主题活动便难以展开。

在主题活动开展过程中，更重要的是教师与幼儿、幼儿与幼儿之间共同创设的一种氛围。要实现这样的互动关系，就少不了周围环境的支持。特定的情景加上教师必要的引导，使幼儿真正成为推动主题活动展开的主人。通过环境与主题之间的互相支持，唤起幼儿主动学习与探究的欲望，同时促进教师与幼儿、幼儿与幼儿之间的互动，促进幼儿对主题活动的深入探究。

党的二十大报告指出，要增强中华文明传播力、影响力。如图4-1-7、图4-1-8所示，幼儿园可开展以“中国传统节日”为主题的环境创设，深入挖掘、运用中华文化内涵，坚守中华文化立场，推动中华文化更好地走向世界。

图 4-1-7　中秋月儿圆

图 4-1-8　中秋团圆饭

【经典案例】

在主题活动“中秋节”中，教师在教室的各个区域空间放置关于中秋节的活动材料，例如益智区、美工区、表演区的各种月亮、兔子、月饼的剪纸，以及灯笼等。它们极大地引起了幼儿的注意，提高了幼儿的兴趣，他们会把这些东西作为装饰品布置在教室里……幼儿自发的独特创意往往会出乎教师的想象。

但是，看着充满节日气氛的教室空间，有的幼儿会问：为什么中秋节会有兔子出现？过中秋为什么要吃月饼？……伴随着幼儿的提问，“中国传统节日”“中国神话故事”主题活动应运而生。

点评：教师在各个区域投放与中秋有关的活动材料，是为了顺利开展“中秋节”的主

题活动，然而却在活动的过程中生成了新的主题活动。

任务4.2　幼儿园主题活动环境创设的基本特性

4.2.1　艺术性

幼儿园主题活动的环境创设，在作品的色彩和造型上应符合幼儿的审美特点，给幼儿带来美的视觉感受。在色彩方面，应选择幼儿喜爱的明快色彩，让幼儿感受色彩变化带来的节奏。在造型选择上，一般以简单的几何形和卡通造型为主。在环境创设材料的选择上，一般将生活中可收集的废旧物品作为环境创设的主要材料，如图4-2-1所示，让幼儿与废旧物品直接产生互动，进而培养幼儿从生活中发现美、创造美的能力。

图 4-2-1　青花

4.2.2　互动性

互动性强调主题活动环境创设与幼儿发展之间的互动关系。主题活动环境创设的材料和常规要求应有利于引发、支持幼儿的各种探索活动，要有利于引发幼儿与主题活动之间的相互作用。

4.2.3　动态性

环境的动态性包括两层意思：一是指环境的创设要根据教育和幼儿发展的需要不断发展、变化；二是指在不断更新环境的过程中，为幼儿提供更多参与和表现的机会。

【经典案例】[①]

四季是幼儿园教育中永远的主题，不同季节大自然中的植物及人们的服饰和活动具有变化突出、色彩鲜艳的特征，易于表现，因此，展现四季特征是墙饰的一大目标。例如，在创设帮助幼儿认识四季变化规律和特点的壁画时，有的老师采用留、变、添、减的方

① 资料来源：https://blog.sina.cn/dpool/blog/s/blog_14d1b6d570102z3d2.html。

法。以表现树木的变化为例：春天让幼儿用皱纹纸拧迎春花、团桃花，然后将花粘贴在树干上；随着气温升高，让幼儿取下迎春花、桃花，添上叶子、补上桃子，表示夏季枝叶茂盛，花儿结果；到了秋季，再让幼儿把绿叶换成黄、红、棕色的叶子，并展现出叶子飘落的情景；冬季来临，让幼儿取下叶子，换上白色的棉花，表示积雪，还可剪贴漫天飞舞的雪花和落满白雪的青松。这样，四季的景色在幼儿的参与下不断变化。

任务4.3　幼儿园主题活动中环境创设的跟进

在幼儿园主题活动环境创设中，环境是主题活动的载体。随着幼儿园主题活动的开展，环境创设也在不断地丰富和充实，在这个过程中，环境对主题的激发、过渡以及成果展示发挥着重要作用。在主题活动环境的初步创设过程中，物质环境的准备是非常重要的，但随着主题活动的展开，主题展示区的内容在活动过程中越来越丰富，教师要根据主题活动的进程进行相应活动材料的增减，并通过指导更好地促进幼儿对主题活动的探究。

4.3.1　主题展示区环境的跟进

幼儿园主题活动的环境创设是一个动态过程，在这个过程中环境既引发了主题活动，也延伸了主题活动。通过环境的跟进有效地激发幼儿探究的兴趣，增强幼儿在主题活动中的主动性，最终达成活动目标。在跟进主题活动环境创设时，需要注意以下两点。

1. 环境创设的跟进要依据主题的展开和幼儿的探究状况进行

如图4-3-1、图4-3-2所示，幼儿园主题活动展示区的目的是引领活动主题，烘托主题活动氛围，展示主题活动的内容、发展脉络、相关信息资料以及幼儿作品等。主题展示区的内容随着主题活动的展开逐步丰富，且根据主题活动目标的变化和活动的实际需求适时进行调整。在主题活动开展过程中，随着活动情景和活动材料的变化，幼儿会产生更多的兴趣点。教师要善于观察和捕捉这些兴趣点，抓住有价值的要素，创设情景，提供环境支持，调动幼儿已有的知识经验去生成新的主题活动。

图 4-3-1　我们毕业了

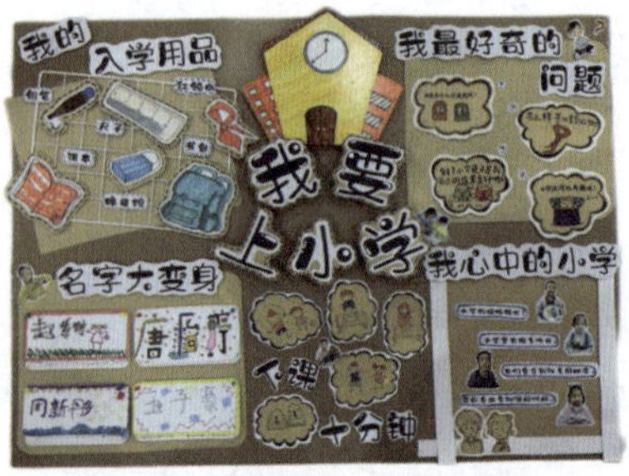

图 4-3-2　我要上小学

2. 环境创设的跟进过程需要为幼儿提供更多参与和表现的机会

在主题活动环境创设的跟进过程中，幼儿既是环境的使用者，又是环境的设计者和创设者。在环境创设的痕迹中，如果教师仍是环境创设的主导者，仍旧注重环境的静态装饰的话，就难以激发幼儿在主题活动中的主动参与性，实现不了幼儿与环境之间的有效互动，也就会失去在环境中教育幼儿和促进幼儿发展的价值。因此，教师要通过不断创设与幼儿相互作用的环境，鼓励幼儿参与到环境创设中，具体可以从以下几个方面着手。

1) 积极引导幼儿根据主题活动的进展，收集与活动相关的材料

材料是环境创设的要素之一，幼儿收集材料的过程也是幼儿进行环境创设的过程之一，将幼儿亲自收集到的材料置放于主题活动之中，不仅可以提升环境创设的效果，还能在主题活动中为幼儿提供更多的选择空间，让幼儿与主题活动的行为环境产生有效互动。这种行为环境是幼儿学习中的重要因素，且能支持教师在主题活动开展过程中及时补充教学资源，提供多元选择。

2) 鼓励幼儿参与环境布置

在主题活动环境创设跟进过程中，教师不仅要与幼儿沟通，也要为幼儿设置作品展示区(见图4-3-3～图4-3-5)，在这个过程中，鼓励幼儿根据自己的想法与需求进行材料收集与作品展示。通过教师的鼓励与幼儿的参与，帮助幼儿积累相关的布置经验，为实现幼儿自主创设环境做铺垫。

幼儿在主动参与环境布置的过程中，对环境的变化产生了期待，由期待萌生了主动参与的冲动。在主题活动的空间环境中，幼儿可以随时与环境产生互动，在与环境的互动之中，与教师、同伴进行交流。在交流过程中幼儿不仅实现了经验的交流、信息的传递，还使得主题环境的创设伴随着主题的开展日益深入，不断完善。

图 4-3-3　收获秋天

图 4-3-4　作品展示区

图 4-3-5　幼儿作品

4.3.2　主题活动区环境的跟进

主题活动区环境的跟进主要包括操作材料的增减和活动区域的调整。

1. 操作材料的增减

在活动初期，教师已在活动区准备了相应的操作材料，这些材料并不是一次性投放到活动区中的，而是由教师根据主题活动的具体开展情形有针对性地、逐步地、有间隔地投放。主题活动区中操作材料的增减也不是教师一个人的工作，活动区中有的材料是教师根据幼儿在主题活动中的情况主动为幼儿提供的，有的则是为了使活动更好地进行下去需要幼儿自己收集的。

此外，在主题活动进行过程中，教师也要根据活动的实际情况对材料进行增减。如发现幼儿对某些材料缺失兴趣，则可以将这些材料收纳、整理好，以便扩大活动空间；同时可以增加一些新的材料，激发幼儿主动参与的积极性。

2. 区域的调整

在主题活动开展的背景下，区域活动的开展也应兼顾主题活动的核心目标和内容。为了让幼儿能更好地在主题活动中获得相关经验，随着不同主题的生成和更换，活动区域也要随着主题的变化而变化。活动区域的调整方式主要有以下几种。

1) 逐步深入式

在主题活动环境创设中，有的区域投放材料丰富多样，且每种材料都有多种操作方法，蕴含着丰富的教育价值，而且它与幼儿之间的互动呈现出多层次、递进性的特点，对幼儿具有吸引力的同时具有挑战性，所以在进行主题更换时，不可对区域内材料“一刀切”，应在尊重幼儿主体性的前提下，通过丰富材料、教师的及时引导等方式推动区域活动的深入开展。这样的区域往往因主题而产生，渐渐地因为区域活动本身的特点而独立存在，表现出旺盛而持久的生命力。

2) 自然过渡式

有时主题活动之间存在一定的联系，如主题经验之间具有相似、相连的特点，操作材料具有共享性，操作技能具有传递性，等等。教师应善于寻找和利用主题之间的连接点，深入挖掘材料本身的价值，实现主题的自然过渡，提高资源利用率。

为了践行社会主义核心价值观，同时弘扬以伟大建党精神为源头的中国共产党人精神谱系，可以借用红色资源(见图4-3-6)，开展社会主义核心价值观宣传教育(见图4-3-7)，深化爱国主义、集体主义、社会主义教育，引导幼儿知史爱党、知史爱国。

图 4-3-6 传承红色精神

图 4-3-7 社会主义核心价值观

3) 渗透融合式

主题活动中的区域与其他传统区域一样，承担着促进幼儿自我学习、自我探索、自我发现、自我完善的任务，所以不是每个区域所创设的内容都要与主题相契合，也有部分区域内容是为符合幼儿年龄特点而创设的。在开展主题活动时，教师可在主题活动区域内投放一些与区域教育功能一致的材料，从而让主题内容渗透其中，让幼儿在区域活动中提升主题经验，更好地实现区域目标与主题目标的有机整合。例如，在遵循材料投放的动态性时，可将原有的两组或两组以上的游戏内容组合在一起，形成一个新的游戏，从而更好地引起幼儿新的行为活动。这种调整方式操作简单、方便，在配合主题更换时表现出极强的灵活性。

4) 分解重置式

某一个主题活动结束之后，相关区域的教育价值也就实现了，幼儿的兴趣随之转移到下一个主题活动之中。这时，为了方便开展下一个主题活动，上一个区域的环境布置就需要撤除。但是，这里的“撤除”并不是简单地清除，而是要充分考虑区域中每一个材料的教育价值和功能，将这些材料有目的地放置在其他合适的区域中，让这些材料在其他区域继续焕发生命力，重新激起幼儿的兴趣，做到物尽其用。

【经典案例】[1]

在“巧手装扮幼儿园”的主题活动中，教师可以将“中秋节”“新年好”等主题活动结束后撤下来的一些富有节日气氛、具有特殊符号功能的“福”字、福袋、花灯、鞭炮、祈福卡、彩泥作品等材料重新投放到新区域中。例如，可将它们投放在表演区、美工区、阅读区等，鼓励幼儿自发地重新布置、整理区域，这样有助于幼儿主动地利用这些材料进行角色扮演活动，通过操作材料，使旧材料变得更加丰富、有趣。

点评：将操作材料投放到下一个主题活动中，实现了操作材料的再利用，为主题活动和区域活动增添了绚丽的色彩。

3. 主题活动展开过程中精神环境的有效支持

在主题活动展开过程中，除了物质环境支持外，精神环境的支持也尤为重要。幼儿可以从主题活动的精神环境氛围中感受和体验到主题活动潜在的内涵，通过精神环境对幼儿活动的动机、心理状态产生引导，从而对幼儿的参与情况、认知发展产生影响。在主题活动精神环境创设中，需要考虑以下两个方面。

1) 创设积极、愉悦的主题活动氛围

主题活动氛围是指教师与幼儿在主题活动过程中形成的一种情感、情绪状态。主题活动过程包括信息交流过程和情感交流过程，建立和谐、愉悦的主题活动氛围，对幼儿积极参与主题活动至关重要。

老师的态度、期望、课堂行为以及教学方法都在无形中影响着情感氛围。教师在活动中要积极地对幼儿的主动探究行为给予语言上的鼓励和行动上的支持，并适时对其进行引导和启发，鼓励幼儿用已有的知识对主题活动进行大胆的探索并表达自己的想法，保持幼儿对主题活动的兴趣。

2) 创建和谐的师幼关系

主题活动中，教师与幼儿、幼儿与幼儿之间的关系直接影响着幼儿在主题活动中的学习、参与情况。和谐的师幼关系能够为幼儿提供良好的情感氛围，使幼儿在主题活动的学习中情绪饱满，学习积极性高涨。建立和谐的师幼关系，需要注意以下几个方面。

(1) 尊重幼儿在主题活动中的主体地位。在主题活动展开过程中，教师要尊重幼儿在主题活动中的主体地位，要把幼儿看作积极、主动发展的个体，允许幼儿自由选择活动材料以及决定如何使用材料。

教师要正确认识自身与幼儿在主题活动中的角色。如图4-3-8、图4-3-9所示，在活动中，幼儿是主体，教师是良好互动环境的创设者，是和谐师幼关系的组织者，也是幼儿积极建构与发展的指导者和促进者。教师只有对自身角色有了恰当的定位，才能更好

① 资料来源：王冰. 幼儿园环境创设 [M]. 湖南：湖南师范大学出版社，2000.

地关注幼儿的需求、兴趣、见解，也能更好地与幼儿进行沟通，从而真正理解幼儿。

图 4-3-8　幼儿自主探索

图 4-3-9　自主探索课堂

(2) 从情感上真诚地关注幼儿及其活动。主题活动中，教师除了与幼儿建立教学关系，还要有良好的情感交流。建立新型的师幼关系，要求教师对幼儿抱有真诚、理解和接受的情感态度，并创设一种与幼儿平等相处、坦诚相待的环境氛围。这种环境氛围要求教师与幼儿之间不仅要有认知上的交流，还要有情感上的互动。要营造愉悦、和谐的氛围，就需要教师真诚地对幼儿及其活动加以关注。教师在与幼儿交往时，要真诚地接纳每一个幼儿，并从幼儿角度观察和体验幼儿在生活中的感受。

当教师真正关注幼儿及其在主题活动中的状态时，就会有意识地观察、了解幼儿当下的需求、情绪状态以及兴趣点，能够在语言、体态、手势、表情、眼神中表现出对幼儿的关注，从而在心理上更贴近幼儿，为建立良好师幼关系打下坚实的情感基础。

任务4.4　幼儿园主题活动环境创设技能实训

党的二十大报告指出，统筹推动文明培育、文明实践、文明创建，推进城乡精神文明建设融合发展，在全社会弘扬劳动精神、奋斗精神、奉献精神、创造精神、勤俭节约精神，培育时代新风新貌。五一劳动节马上就要到了，为了让幼儿树立劳动意识，感受到劳动者的光荣，同时为充分发挥环境创设在幼儿教育中“润物细无声”的教育作用，结合“劳动教育”课程，进一步营造“劳动教育”的良好氛围，幼儿园教师组织了“劳动最光荣”主题活动，要求教师为不同年龄段的幼儿设计主题活动环境创设作品，使幼儿能在与环境互动时乐在其中，学习劳动技能，感受劳动精神。

【实训目标】

1) 加深学生对幼儿园主题活动的理解。

2) 学生通过幼儿园主题活动的环境创设提高其技能应用能力。

【实训要求】

1) 将全班学生分成若干小组，每组2～4人，选定一名组长。

2) 以小组为单位，根据主题内容分别为小班、中班、大班设计该主题的环境创设作品。

3) 结合主题活动内容，创设既与主题相融、又能发展幼儿能力的室内空间环境。

4) 活动结束后，每组派一名代表分享本组的环境创设作品。

【实训考核】

根据有关主题的环境设计与整体效果为学生的设计评分。

课后练习

1. 幼儿园主题活动有哪些特点？
2. 幼儿园主题活动区的调整方式有哪些？

【幼儿教资考点聚焦】

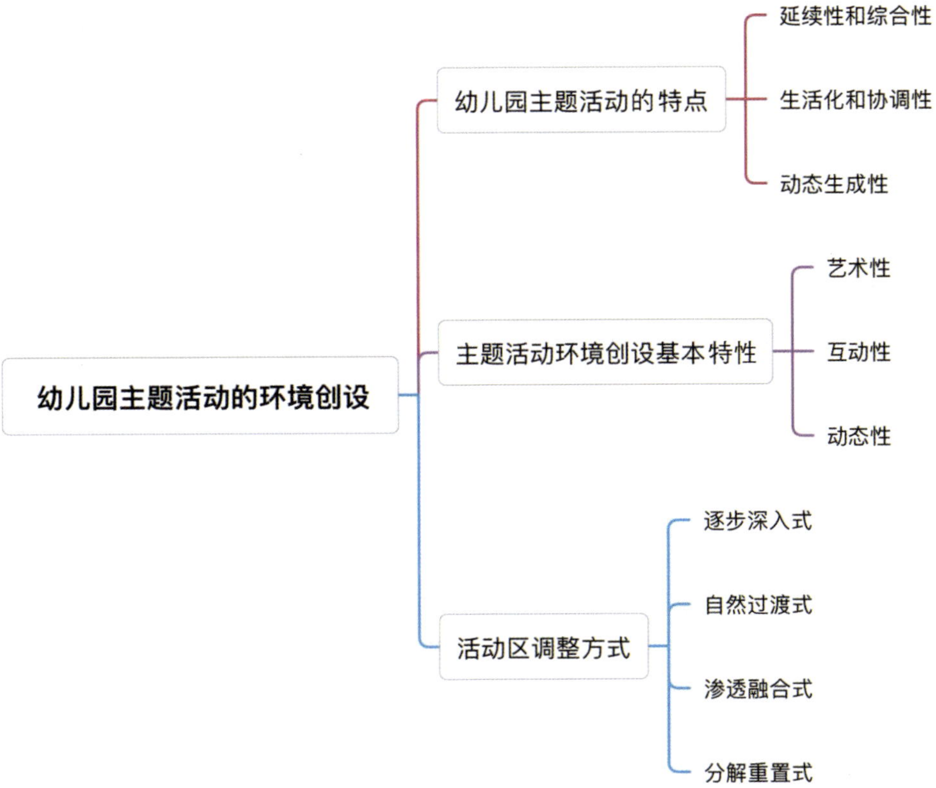
幼儿园主题活动的环境创设
幼儿园主题活动的特点
延续性和综合性
生活化和协调性
动态生成性
主题活动环境创设基本特性
艺术性
互动性
动态性
活动区调整方式
逐步深入式
自然过渡式
渗透融合式
分解重置式

【往年教资真题再现】

1. 为了帮助小班新入园的幼儿尽快适应集体生活，余老师准备开展“高高兴兴上幼儿园”系列主题活动。请围绕该主题为余老师设计三个子活动。

要求：

(1) 写出主题活动总目标。

(2) 写出其中一个子活动的活动方案，包括活动的名称、目标、准备和主要环节。

(3) 写出另外两个子活动的名称、目标。

2. 请围绕“有用的工具”为大班幼儿设计主题活动，其中应包含三个子活动。

要求：

(1) 写出主题活动的总目标。

(2) 写出一个子活动的具体活动方案，包含活动的名称、目标、准备和主要环节。

(3) 写出另外两个子活动的名称、目标。

【教资真题再现答案汇总】

1. 略

2. (1) 主题活动总目标：

① 能积极参与活动，在活动中体验观察和探索的乐趣。

② 学习生活中常用的小工具的使用方法。

③ 知道常见工具的名称和用途。

④ 能够动手制作简单小工具，并能用语言准确描述，发展表达能力和动手能力。

(2) 子活动 1：

大班社会教育活动：交通工具

● 活动目标

① 情感目标：对交通工具感兴趣。

② 行为技能目标：通过游戏活动，发展基本的听、说、画的能力。

③ 认知目标：认识各种交通工具，并学会分类。

● 活动准备

沙盘、故事中动物图片各一张，交通工具若干，玩具箱三个。

● 活动过程

① 导入部分——故事导入

教师有感情地讲故事《小白兔看姥姥》。

② 基本部分

㋐ 在讲述故事的基础上，教师引导幼儿回忆：故事中小白兔去看姥姥的路上乘坐了什么交通工具？哪种交通工具的速度最快？引导幼儿认识到汽车属于陆上交通工具，轮船属于水上交通工具，飞机属于空中交通工具。让幼儿知道飞机的速度最快。

㋐ 帮玩具找家：教师将交通玩具一一发放给幼儿，并展示水、陆、空的场景图，引导幼儿将玩具送回对应的场景图。

㋐ 比比谁的耳朵灵：教师播放故事中交通工具所发出的声音，引导幼儿根据声音辨别交通工具。

㋐ 想一想，画一画：将幼儿分成水上、陆上、空中这三组，引导幼儿分别讨论并画出他们见过的其他交通工具。

③ 结束部分

教师引导幼儿有序地进行游戏“我是小司机”，引导幼儿模仿驾驶各种交通工具。

④ 活动延伸

家园合作延伸，请小朋友把今天学到的知识分享给自己的爸爸妈妈。

(3) 子活动 2：

大班科学教育活动：物体的沉浮

- 活动目标

① 情感目标：通过操作活动，使幼儿对沉浮现象感兴趣。

② 行为技能目标：初步学习简单的记录方法。

③ 认知目标：通过探索活动，知道哪些东西放在水里时是沉的，哪些是浮的。

子活动 3：

大班艺术教育活动：粘贴画

- 活动目标

① 情感目标：体会粘贴画的乐趣。

② 行为技能目标：通过粘贴活动，发展想象力、创造力和动手操作能力。

③ 认知目标：能够在引导下，使用不同的工具完成粘贴画。

项目5 幼儿园公共环境创设

【引言】

幼儿园的环境除了与幼儿学习、游戏、活动有关的班级活动场地之外，还有一些与幼儿间接相关的区域，如园门、门厅、楼梯、走廊等公共区域，必须重视这些地方的环境创设。

【学习目标】

知识目标：

了解幼儿园公共环境创设的构成，掌握幼儿园公共环境创设与规划的要点。

能力目标：

掌握幼儿园公共区域环境创设与规划的具体要点。

素质目标：

感受幼儿园公共环境创设的乐趣，理解幼儿园公共环境的教育价值。

【模块流程】

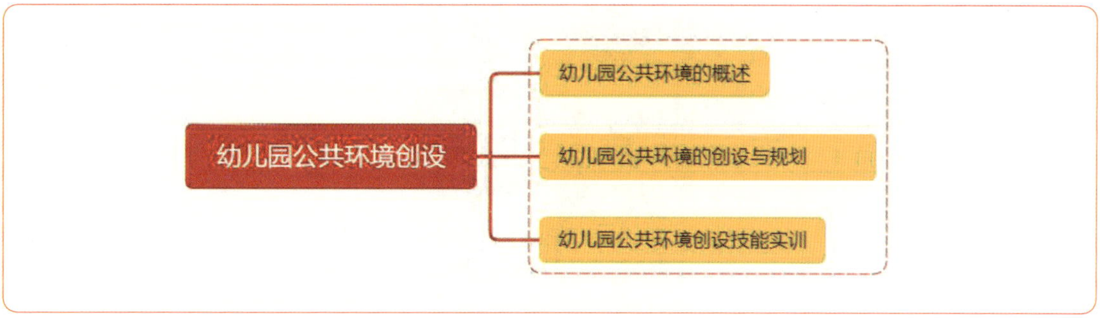

【案例导入】[1]

幼儿园春季学期开始了，老师们又开始忙班级的区域环境布置工作。学期例会上，园长给每个班级一个任务——创设本班公共区域的环境。罗老师发现班级前面空置的走廊虽然干净整洁，但总是缺少东西。她想，孩子们每天都在这走廊里来来回回地走动，如果能在走廊充分利用教育资源创设区域环境，让孩子们获得更大的交往空间，那该多好啊。

【问题】

怎么布置班级走廊的公共区域呢？幼儿园公共区域环境的创设应该注意哪些问题？

任务5.1　幼儿园公共环境的概述

5.1.1　幼儿园公共区域环境的教育价值

环境是重要的教育资源，应通过环境的创设和利用，有效地促进幼儿的发展。幼儿园公共区域环境的创设和利用旨在弥补班级游戏区域创设所受的空间限制，最大限度地实现资源共享。公共环境的产生和发展反射出幼儿园对幼儿活动环境的关注正向深层次发展。

1. 促进幼儿的学习

幼儿园公共环境促进幼儿学习的作用体现在公共环境为幼儿提供了游戏和探索的空间，能促进幼儿认知、想象、社会交往等方面的发展，同时在无形之中对幼儿进行美育，提高幼儿美的感受，提升其审美感受力。如图5-1-1所示，公共区域的环境强调的是幼儿个体与环境、个体与个体之间的互动。幼儿通过这些互动，在公共环境中逐步体现自身的特点，逐步建立社会意识和社会认识，所以幼儿园公共环境对幼儿存在特殊的教育价值。

图 5-1-1　幼儿园公共区域的环境

① 资料来源：陆海莲，张乃丹，吕姝. 幼儿园环境创设 [M]. 长春：东北师范大学出版社，2010.

2. 拓宽幼儿交往的空间

幼儿园公共区域环境消除了幼儿年龄、班级之间的界线，拓宽了幼儿原有的活动空间。在公共环境(见图5-1-2)中，不同年龄段的幼儿可以进行沟通、交流、合作。在这个环境中，幼儿自身在群体中的角色会产生微妙的变化，情感体验也变得更为丰富，交往的欲望和技能也会在这个过程中得到刺激和提高。

图 5-1-2　公共自然角

5.1.2　幼儿园公共区域环境的构成

幼儿园公共区域环境创设是对幼儿园原本的空间环境进行再创造的，幼儿园公共区域是由园门、门厅、文化长廊、楼梯、走廊、多功能厅、公共活动室等组成的。

任务5.2　幼儿园公共环境的创设与规划

5.2.1　幼儿园公共区域环境创设与规划的总体要点

1. 幼儿园公共区域物质环境的创设与规划要点

幼儿园公共区域环境创设与规划既包括物质层面，又包括精神层面，从物质层面来说，应注意以下要点。

1) 合理规划

目前许多幼儿园对公共环境的重视点在公共环境的整洁、美观上，为了突出公共环境的美观，更多地追求环境外观的装饰，而忽略了公共环境在幼儿园教育、教学中的实际功效。

(1) 公共区域要具有灵活性。公共区域的环境创设不仅要注重物质环境的创设，更要注重文化氛围的营造。教师要把物质的硬环境与文化的软环境结合起来，要让环境说话，让幼儿与环境产生互动。幼儿园公共区域的环境布置可从季节变化、节日主题、主题活动等方面入手。公共区域在进行季节变化环境创设时，在色彩上可以根据季节色彩的变化来进行环境主色调布置，同时在环境创设中可以设置植物生长与季节的呼应关系，从而满足幼儿不断获取新知识的需求；在进行节日主题公共区域环境创设时，可以让幼儿将自己学到的知识和本领施展出来，让幼儿参与到公共区域环境创设中，使幼儿通过环境的作用受到教育；在进行主题活动公共区域环境创设中，教师可通过教育活动让幼儿了解某一主题的知识，从而使其获得相关经验。

(2) 公共区域要具有趣味性。幼儿园公共区域环境创设既要符合幼儿个性发展的特点，又要具有趣味性。丰富的环境会让幼儿更加积极地探索新鲜事物。

(3) 公共区域要具有教育性。在进行幼儿园公共区域环境创设时，教师要有机地将幼儿园教育的目的、要求、计划、内容转化为形象具体、色彩鲜明、生动有趣的环境，从而吸引幼儿积极地投入活动中。幼儿在这样的教育环境中获得直观的体验和感受，在活动中获得新的知识经验，为幼儿今后的发展奠定坚实的基础。

2) 科学投放材料

公共区域的材料投放应满足不同层次幼儿的发展需求，从而更好地激发幼儿的潜能。投放公共区材料时应注意以下几点。

(1) 注重幼儿的个体差异。幼儿的发展水平之间存在个体差异，对材料的需求也存在不同。教师在进行材料投放时要尊重幼儿的个体差异。对于性格活泼、探究能力较强的幼儿，教师可多提供一些具有创造性、挑战性的材料，在活动过程中鼓励幼儿进行材料的再创造。对于内向、探究能力较弱的幼儿，教师要随时了解幼儿的需求，多观察、倾听、鼓励，在适当时候及时为幼儿提供所需材料和帮助。

(2) 结合主题投放区域材料。在科学地投放区域材料时，要考虑与主题相关的材料、材料与主题目标的关系，这样区域材料的投放更具针对性、目标性、灵活性和科学性。同时，教师要根据对幼儿活动的观察定期更换和补充材料。

(3) 投放的区域材料要具有生成性。教师要根据幼儿的活动需要，不断改变原有的活动材料，不断地投放、减少材料，形成新的兴趣点，从而吸引幼儿参与到游戏中去。需要注意的是，材料投放过程中，如果新旧材料数量相等，幼儿将更倾向于互相交换材料，创造性行为就不多。当新旧材料比例在1∶2或1∶3时，材料的使用效益最大。幼儿通常更喜欢新材料，因此，生成的新材料要适宜，比例要恰当。

2. 幼儿园公共区域人文环境的创设与规划要点

幼儿园公共区域的环境创设从精神层面来说还需要营造浓郁的文化氛围和良好的人际关系。创建幼儿园公共区域人文环境时需要注意以下几点。

1) 解放自己，解放幼儿

在公共区域活动的开展过程中，老师的关注点应在幼儿参与活动的“过程”中。需要注意的是，活动的难易程度会对不同的幼儿产生不同的影响。对于能力较弱的幼儿，一旦活动的方法要求和难度较高，幼儿就会产生畏难情绪，对活动参与的积极性也就不高，只能被动地按照老师的要求完成任务，无法达到组织区域活动的目的。对于能力较强的儿童，活动区域的设置如果太简单，幼儿则会慢慢对活动失去兴趣，久而久之，就失去了开展区域活动的意义。所以在公共区域活动中，老师要充分尊重幼儿在活动中的主体地位，让幼儿自主地选择和自由活动。

2) 理解幼儿，支持幼儿

在公共区域活动中，幼儿对活动、材料、工具的选择动机来源于幼儿的好奇心、兴趣以及游戏需求。在组织公共区域活动时，老师要在尊重幼儿天性的前提下，让幼儿成为活动的主体。幼儿能力有强弱之分，面对不同的材料、不同的活动方法要求，幼儿会有不同的表现。如教师观察到幼儿在活动过程中遇到困难，可以多鼓励幼儿，为幼儿提供建议或意见，必要时可以适当地参与其中，给予幼儿自信心。教师要学会在公共区域活动中根据观察到的幼儿自身发展的实际情况，适时地给予引导。

5.2.2　幼儿园公共区域环境创设与规划具体要点

1. 园门

幼儿园大门是幼儿园景观设计的关键处。如图5-2-1～图5-2-3所示，园门的设计要在把握好幼儿园建筑与周围建筑协调的基础上，突出幼儿园的园标和主色系，体现幼儿园的特色。幼儿园园门创设与规划要点如下。

(1) 幼儿园园门可通过鲜艳的色彩以及大门的造型来界定儿童使用空间的属性。

(2) 幼儿园园门的主入口是幼儿园与外界进行输送、交流的重要平台，可设置板报栏，在上面张贴通知，使家长能有效地了解幼儿园的动态和活动情况。

(3) 幼儿园大门外侧要留有足够的面积以满足幼儿出入、家长接送、等候以及幼儿园人流疏散等功能。

图 5-2-1　北京市第一幼儿园

图 5-2-2　甘肃养正幼儿园

图 5-2-3　云南纸飞机幼儿园

2. 门厅

门厅是幼儿园的重要公共区域之一，亦是凸显幼儿园理念、思想的地方，是家长和幼儿进入园区以后的第二印象区。幼儿园可根据门厅的不同类型、环境特点以及不同的主题活动、季节变化等进行环境布置。幼儿园门厅创设与规划要点如下。

(1) 在设计的造型上，要根据孩子的心理观念，做一定的造型布局。比如植物、动物、卡通形象等造型，这些孩子们熟悉的造型更容易获得孩子们的青睐。

(2) 门厅的色调要根据幼儿园整体设计来确定。在色调上要单纯，如图5-2-4所示，接近自然，这样的色彩会让孩子们产生丰富的想象。

(3) 如图5-2-5所示，可以根据主题活动、季节变化等来进行门厅的环境布置。

图 5-2-4　门厅

图 5-2-5　门厅

3. 文化长廊

幼儿园文化长廊体现幼儿园的文化内涵，在长廊上展示的内容可以多次反作用于幼儿，在帮助幼儿学习知识的同时，彰显幼儿园的文化底蕴。幼儿园文化长廊的规划与创设要点如下。

(1) 内容要清晰、简单易懂，让人一目了然。

(2) 装饰简单，一般利用幼儿园围栏、教室外的走廊和教室外的空白墙面形成。

(3) 文化长廊可以设置部分空白墙面，让幼儿进行简单图画，同时文化长廊的围栏和墙面上粘贴的内容应符合幼儿教育，形象要生动，符合幼儿年龄特点。

为增强中华文明传播力、影响力，提炼展示中华文明的精神标识和文化精髓，深化文明交流互鉴，推动中华文化更好地走向世界，可在幼儿园创设以“中国四大发明”(见图5-2-6)为主题的文化长廊，让幼儿体会中华文明的影响力和感召力。图5-2-7展示了另一个优秀的文化长廊环境创设范例。

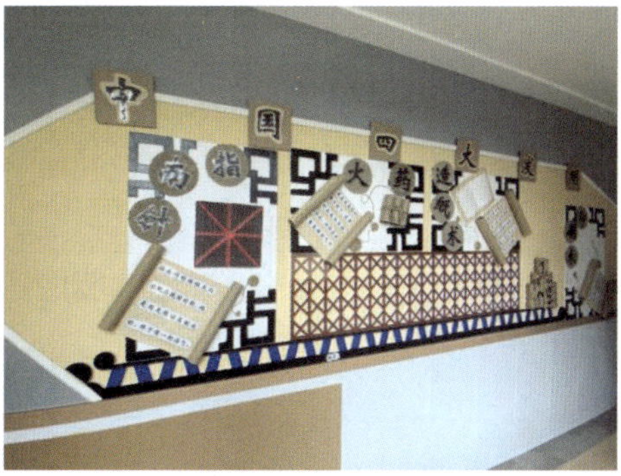

图 5-2-6　文化长廊

图 5-2-7　文化长廊

4. 楼梯

幼儿园楼梯间是幼儿园物质环境的组成部分之一，是幼儿出入的必经通道，是整个幼儿园设计中的一个重要部分。楼梯的环境创设包括扶手、墙面、楼梯转角、楼梯底部空间等。幼儿园楼梯的规划与创设要点如下。

(1) 楼梯边上的围栏最好是密封型的。楼梯的踏步高度和宽度要适合幼儿。栏杆的扶手要能防止幼儿攀爬、滑落。

(2) 楼梯的环境创设不宜花哨、鲜艳，装饰物不宜过多。要充分利用楼梯转角、底部的空间。

(3) 对于靠墙壁的楼梯，可在墙壁上贴引导上下楼梯的富有童趣的壁画，这样能增加趣味性，也符合幼儿园整体设计。例如，可以在墙壁上贴动画卡通形象、贴画、手绘、墙画等(见图5-2-8、图5-2-9)。

图 5-2-8　楼梯环境创设

图 5-2-9　楼梯环境创设

5. 走廊

走廊环境需要充满幼儿园文化特色和发展理念。走廊可以作为幼儿园文化宣传的窗口，能够更直观地宣传幼儿园的文化理念。当家长参观幼儿园的时候，通过走廊文化能够直观了解到幼儿园的理念和特色，从而与其他幼儿园进行对比，为自己的孩子提供选择幼儿园的依据。幼儿园走廊的规划与创设要点包括如下几项。

(1) 幼儿园走廊设计要连贯、通畅，尽量保证走廊的宽度在1.2米以上。边上的围栏是密封型的，围栏高度不能低于1米，而且造型多样，具有幼儿园特点。可打破传统的平直封闭形式，凹凸变化可增加围栏的趣味性。也可以将围栏设计成上部分通透、下部分封闭的形式，但要防止幼儿攀爬两边墙面。

(2) 可根据走廊面积大小安排适当的活动区域(见图5-2-10、图5-2-11)，两边的墙面可根据区域环境进行相应的装饰布置，走廊墙面装饰一般选择符合幼儿认知特点、富有童趣的图案，如可以设置展示区、展示栏等。

我们坚持绿水青山就是金山银山的理念，为将污染防治攻坚向纵深推进，向绿色、循环、低碳发展迈出坚实步伐，让我们的祖国天更蓝、山更绿、水更清，可在幼儿园走廊创设以“垃圾分类”为主题的环境(见图5-2-12、图5-2-13)，培养幼儿保护环境的意识。

图 5-2-10　走廊环境创设

图 5-2-11　走廊环境创设

图 5-2-12　走廊环境创设

图 5-2-13　走廊环境创设

6. 多功能厅

幼儿园多功能厅(如图5-2-14所示)是幼儿园举办各种活动的场地，承担着典礼、会议、活动、教学等多种功能。幼儿园多功能厅的规划与创设要点包括如下几项。

(1) 多功能厅空间充足时，可设置观看台，增大空间利用率，增强体验感，但要注意为孩子留出足够的游戏空间。

(2) 多功能厅的色彩和装饰应简单、协调。不宜使用过多的色彩，也不能投放过多的装饰品，以免分散幼儿的注意力。

图 5-2-14　多功能厅

7. 公共活动室

幼儿园的公共活动室包括音乐室、美术室、图书室、建构室等。幼儿园公共活动室的规划与创设要点包括如下几项。

1) 音乐室

公共活动室中的音乐室(见图5-2-15)为幼儿提供进行自主音乐表演、欣赏的活动环境。音乐及其相关活动既能满足幼儿的情感，丰富幼儿的生活，又能充分发挥音乐区域的作用，提高幼儿的音乐素养。音乐室应放置各种乐器及电视、音响等设备。幼儿园音乐室的规划与创设要点包括如下几项。

(1) 音乐室的形状应轻快、活泼并有儿童建筑的特点，一般除长方形、正方形外，还可设计成多边形、圆形及一端呈圆弧形的平面形状。

(2) 音乐室应设计较大的窗户以保证采光与通风，墙面设计要符合幼儿的年龄，图案应简单易懂，让幼儿易于理解。最好铺设实木地板，以避免幼儿光着脚丫跳舞时着凉。

(3) 音乐室与各班级活动室之间既要联系方便，又要有适当的距离，兼顾对外使用的可能性。

图 5-2-15　音乐室

2) 美术室

公共活动室中的美术室(见图5-2-16、图5-2-17)是供幼儿进行各种美术活动的场所。通过开展欣赏、绘画、手工等活动，培养幼儿的观察、想象和艺术创造力，提高幼儿的表现力、审美能力和动手操作能力。幼儿园美术室的规划与创设要点包括如下几项。

(1) 美术室的设施要满足各种美术活动的需要，如靠近水源，有各种材料、工具、桌、椅等。

(2) 在室内设置美术图书阅览区域，供幼儿自主进行相关的美术活动。

(3) 美术室内应专门设置一块区域作为幼儿作品的展览园地，以营造极强的艺术氛围，同时增强幼儿的自信心。

图 5-2-16　美术室

图 5-2-17　美术室

3) 图书室

公共区域活动室中的图书室(见图5-2-18、图5-2-19)是专门供儿童开展阅读活动的场所，用于培养幼儿的阅读习惯和提高幼儿的阅读兴趣。幼儿园图书室的规划与创设要点包括如下几项。

(1) 图书室应最大限度地为幼儿提供各方面的阅读材料，营造出一个适合幼儿的阅读环境，以使幼儿在环境的作用下积极阅读。

(2) 图书室最好朝南，以营造阳光明媚的室内气氛。

(3) 环境色彩会对幼儿心理产生影响，因此图书室的墙壁色彩搭配要让人舒适，一般用浅黄、浅绿、粉红色以给幼儿一种温馨的感觉。

图 5-2-18　图书室

图 5-2-19　图书室

4) 建构室

公共区域活动室中的建构室(见图5-2-20、图5-2-21)是幼儿利用积木、纸盒、易拉罐等材料进行建构游戏的活动室，建构游戏能培养幼儿的空间知觉，发展幼儿的想象力、动手操作能力及交流合作能力。幼儿园建构室的规划与创设要点包括如下几项。

(1) 除了放置材料和玩具之外，建构室的活动面积也需要满足一定数量的幼儿同时活动的需求。同时可以考虑在地面铺设地毯，给幼儿构建一个比较舒适的环境。

(2) 建构室提供的各种材料不仅种类要丰富，而且材料的大小、数量要能够保证幼儿在建构时的需求。

(3) 建构室墙面可以贴来自生活中各环境里的建筑和事物的图片，以丰富幼儿的经验，也便于他们学习和创造。

图 5-2-20　建构室

图 5-2-21　建构室

任务5.3　幼儿园公共环境创设技能实训

模拟实训 1：评析幼儿园公共区域环境创设实例

【实训目标】

学生利用网络资源或实地见习收集幼儿园公共区域环境创设照片，运用幼儿园公共环境创设与规划的原则、规划要点进行分析。

【实训要求】

1) 将全班学生分成若干小组，每组2～4人，选定一名组长。

2) 以小组为单位，根据所收集的图片资料，针对实例从不同角度进行探讨与评析。

3) 每组派一名代表进行分享。

【实训考核】

根据各小组对幼儿园公共区域环境创设实例的评析进行评分。

模拟实训2：幼儿园公共区域环境考察

【实训目标】

学生利用见习或实习的机会，认真考察幼儿园公共区域的情况，在分析的基础上总结该幼儿园的区域环境布置特点和不足之处，提出自己的创设或改进意见。

【实训要求】

1) 将全班学生分成若干小组，每组2～4人，选定一名组长。

2) 以小组为单位，考察与评析内容包括幼儿园园门、门厅、文化长廊、楼梯、走廊、多功能厅和公共活动室等。

3) 撰写幼儿园公共区域环境创设考察报告，报告基本内容包括姓名、班别、考察的幼儿园、时间、幼儿园公共区域环境创设与规划分析以及改进建议等。

4) 每组派一名代表进行分享。

【实训考核】

根据各小组的幼儿园公共区域环境创设考察报告进行评分。

课后习题

1. 幼儿园公共区域环境的教育价值有哪些？
2. 幼儿园公共区域环境创设与规划的要点有哪些？

【幼儿教资考点聚焦】

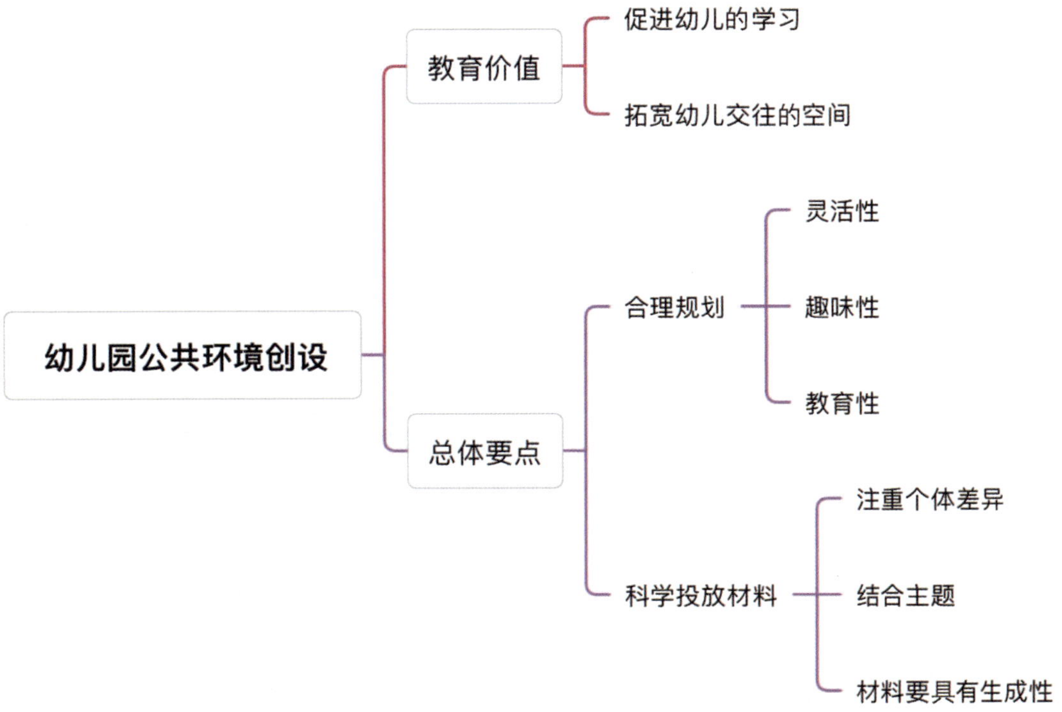

幼儿园公共环境创设
教育价值
促进幼儿的学习
拓宽幼儿交往的空间
总体要点
合理规划
灵活性
趣味性
教育性
科学投放材料
注重个体差异
结合主题
材料要具有生成性

【往年教资真题再现】

1. 幼儿园的各种器具一般用圆角，托班和小班一般不用体积过小的玩具等。这体现了幼儿园环境创设的（　　）。

A. 适宜性原则　　B. 参与性原则　　C. 安全性原则　　D. 可变性原则

2. 幼儿园的通道、楼梯上面的小脚印告诉幼儿行走要有秩序；画上剪刀的图形告诉幼儿剪刀要放在固定的地方，养成整理东西的习惯等。这体现了幼儿园环境具有（　　）。

A. 美观性　　B. 教育性　　C. 可控性　　D. 安全性

3. 瑞古欧学前教育模式中被称为“第三位人称”的是（　　）。

A. 环境　　B. 家长　　C. 保育员　　D. 游戏

4. 幼儿园环境是儿童生活的基本保障，是幼儿园的“第三位教师”。下列属于幼儿园精神环境的是（　　）。

A. 户外绿化　　B. 种植园地　　C. 园风　　D. 园所建筑

5. 创设幼儿园环境时，把大小环境有机结合在一起，实现学校与总社区的合作，这体现了幼儿园环境创设的（　　）。

A. 发展适宜性原则　　B. 幼儿参与性原则　　C. 开放性原则　　D. 经济性原则

【教资真题再现答案汇总】

1. C　　2. B　　3. A　　4. C　　5. C

项目6 幼儿园玩教具制作

【引言】

玩，固然重要，玩具更为重要。

——陈鹤琴

幼儿园玩教具是为幼儿创设的各种环境，是教师创造性地使用教材、开发课程资源、促进幼儿发展的重要途径之一。自制玩教具既能激发幼儿的学习兴趣，又能使幼儿动手、动脑，让幼儿在原有的水平上得到发展。在一日活动中，幼儿园玩教具属于教师根据教育目标，引导幼儿动脑、动手操作，发展幼儿思维能力，提高幼儿生活能力的活动材料。通过制作玩教具，可以充分开发幼儿智力，培养幼儿各种能力和良好习惯，促进其身心全面和谐发展。

光绪二十九年，清政府颁布了我国第一个学前教育法规——《奏定蒙养院章程及家庭教育法章程》。该章程在"保育方法"中提出教育者要教儿童用小木片、小竹签、纸、黏土等做各种形状的物品，旨在发展幼儿手部动作，训练手眼协调，练习将来能用到的手工技能，并作为开发心智的基础。这一思想提倡让幼儿通过操作材料，制作物品，练习手部技能，发展智力，这是我国提倡自制玩教具理念的开端。

【学习目标】

知识目标：

理解幼儿园玩教具制作的基本原理及制作原则。

了解幼儿园玩教具的分类、功能、制作材料和工具。

掌握幼儿园玩教具的基本方法。

能力目标：

能够独立制作不同类别的幼儿园玩教具。

能够根据幼儿的年龄和发展特点选择合适的玩教具。

能够设计和改进幼儿园玩教具。

素质目标：

在幼儿园玩教具制作过程中，提高创新意识、环保意识和动手能力。

在玩教具设计过程中，不断提升自身的观察力、分析能力和自主学习能力。

增强团队协作能力和沟通能力。

【模块流程】

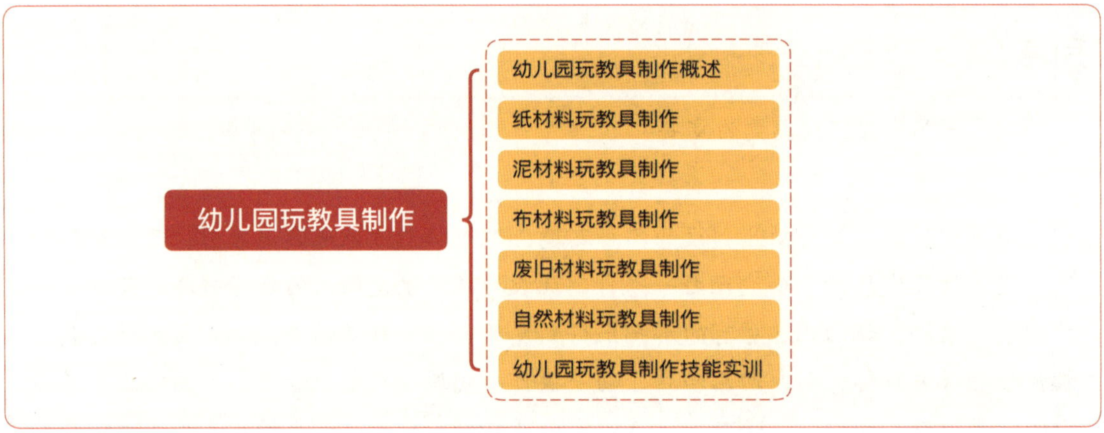

【案例导入】[1]

由“图形变变变”引发的社会领域课程

我为孩子们新制作了一个玩具——图形变变变，早晨，我把这个玩具给了第一个到园的孩子玩。随后孩子们陆续来园，都被这个新玩具所吸引，大家聚在一起，你拿一块我拿一块，开始尝试拼图。小明把椅子搬到桌子边开始摆弄起来。可是他觉得自己的拼图不够用，开始阻止别人拿拼图，后来发展到用双手盖住拼图，不让别人动，最后连他的身体也压到了上面。他的举动引起了大家的抗议，我让他暂时离开，他气呼呼地走到了一边。随后我以朋友的身份和小明聊天，让他意识到独占玩具是不对的，会得不到大家的喜爱，会失去好朋友……

【问题】

这个“图形变变变”是指什么玩具？为什么它可以引发后续的社会领域活动？

任务6.1 幼儿园玩教具制作概述

游戏是幼儿获得、重组、改造经验的自主活动，在游戏中可以发生多样的学习。幼儿

① 资料来源：https://www.dyhzdl.cn/k/doc/f0132845a800b52acfc789eb172ded630a1c980e.html。

园教育与后续阶段教育的很大不同就在于教师的教和幼儿的学都是在游戏中完成的。玩具对于幼儿的游戏和学习是必不可少的，可以说是幼儿的教科书。玩教具是一个幼儿园成为“幼儿园”的必备要件，是幼儿在园所获经验的质量以及幼儿园教育质量的基本保障。是否配备充足的玩教具，是托幼机构教育质量评价标准的重要构成要素之一。

6.1.1 玩教具的概念

1. 玩具

“玩具”可以是幼儿生活中的任何物品。但是我们通常把成人专门为儿童制作的、供儿童游戏时用的物品称为“玩具”，以区别于自然的、非专门制作的“游戏材料”。《现代汉语辞典》载有：“玩具，是儿童专用玩物。”陈鹤琴认为，凡是能够供儿童看的、听的、触的、玩的等都可以称作玩具。《辞海》里对玩具的解释有古义和今义两种，古义是供玩耍的器物，明唐顺之《重修泾县儒学记》：“周衰，王道废缺……《易》象、《春秋》，十六国之乐，徒以夸於诸侯宾客，为古物玩具，而未尝以教诸弟子。”今指专供儿童玩的东西。一般有：形象玩具(如按照人物、动物、家具、炊具、日用品等形象制作的玩具)，技术玩具(如借助发条、电力、惯性、动力和遥控装置进行活动的交通工具、电话、电视玩具)，智力玩具(如进行分类、比较、推理、找关系的图片和材料，各种棋类、魔方、镶嵌装套玩具)，音乐玩具(如铃鼓、摇铃、木鱼及会发出乐音的玩具)，体育器械和玩具(如哑铃、高跷、大刀、短剑)，娱乐玩具(如造型滑稽且动作有趣的母鸡生蛋、摇头娃娃)，民间玩具(如七巧板、不倒翁、竹龙、陀螺)，结构玩具(如积木、积塑)，等等。

2. 教具

“教具”一般是指用来辅助教学的用具。随着教学理念的转变，为了引起幼儿学习、探索的兴趣，教具开始变得更加生动形象、易于幼儿操作，在一定程度上教具又可以转化为玩具。《现代汉语词典》中关于教具的论述：教学中用来讲解和说明具体事物或现象的模型、实物、图标、幻灯等的统称，主要用作教学的辅助物。教具的现代解释是以传播科技、教育人为目的的实物，是完全的科技传媒，是儿童和青少年科技活动中不可缺少的器材。它在科技活动中的特点可以归纳为：直观性、实践性、有研究价值性和典型性。教具需要语言媒介和文字媒介的配合。幼儿园的教具带有教育的功能，所以它应配有特定的使用规则与专属的“活动室”，如“科学活动室”“建构活动室”“表演活动室”等。

3. 玩教具

对于学前期的幼儿，玩具和教具的统一是可以实现的，它们常被统称为“玩教具”。除了实物的玩教具，还有商品化的玩教具以及大量的幼儿园自制玩教具。随着社会的发展，当人们逐渐意识到玩具不仅可以满足幼儿娱乐的需求，也具有发展幼儿生活技能的作用，而且可以作为一种知识传递的载体时，教育性玩具便应运而生，于是玩具也有了教具的功能。17世纪英国教育家洛克制作的第一套识字积木，使得玩具与教具的区别开始逐渐淡化，此后德国教育家福禄贝尔创造的“恩物”和意大利幼儿教育家蒙台梭利创造的感官教具，更是让人们意识到玩教具对促进幼儿发展具有独特的价值。本书所讨论的“玩教具制作”，指的是教师或幼儿借助一定的物质材料，如布、塑料、木材、金属、纸张、线等，在保证安全的前提之下，充分利用材料的特点，用裁剪、折叠等方法，自己动手制作玩教具。

6.1.2 自制玩教具的使用价值

自制玩教具主要是根据幼儿园教学内容和教学目标的需要，以多种形式和途径去设计、制作的，既要符合幼儿的年龄特点、发展水平和学习特点，又要符合教学和教育目的。自制玩教具的制作过程不仅能满足幼儿对客观事物认知与了解的需要，还能培养他们的创新精神和实践能力。

自制玩教具在幼儿园教育中有其独特的价值，主要表现在：一是有利于促进幼儿智能、品格及情感方面发展，它可以帮助幼儿学会观察事物，了解事物的结构和特征，学习分类等知识；二是有利于培养幼儿良好的品德和个性，如创新精神、合作意识等；三是有利于幼儿发展其动手操作能力，通过让幼儿与同伴或成人共同制作玩教具来培养幼儿做事认真、爱动脑筋、大胆操作和解决问题等良好习惯；四是有利于幼儿学习数学知识，通过自制玩教具，帮助幼儿建立空间观念及数与量等概念；五是有利于发展幼儿观察力、注意力、想象力和创造力，通过制作玩教具，可以帮助他们获得丰富的感性经验。

自制玩教具对幼儿发展的影响，主要表现在：一是能满足幼儿的兴趣需要，促进幼儿认知发展，幼儿正处在身体、认知发展的关键期，幼儿对玩教具的兴趣是一种“内化”了的心理需要，如果教师能有效地满足幼儿这一需要，就能使他们在玩教具中体验到成功感，增强自信心；二是能发展幼儿的创造性思维和动手能力，在玩教具的制作过程中，不仅需要用到观察、比较、思考等认识活动，还需要用到操作后的整理和设计活动，因此能让幼儿通过探索和发现，提升思维能力和操作能力；三是能提高幼儿的思维灵活性，在制作过程中，如果教师引导得当，能促使幼儿在解决问题时变“被动”为“主动”，克服“依赖”心理，学习思维的灵活性；四是能促进幼儿动作发展和身体各部位协调发展，在制作过程中，要求动作准确、协调、灵敏。

6.1.3 玩教具的分类

1. 功能取向分类

根据玩教具所模拟的对象和玩教具的功能，我们可以把玩教具分为以下四类。

1) 表征性玩教具

以社会和自然环境中的真实事物为模拟对象，其性状类似于真实的物体。这类玩教具又可分为模拟实物的玩教具(以人类社会生活用品和工具为模拟对象的玩教具)和拟人化玩教具(以人和动物为模拟对象的玩教具)。

2) 教育性玩教具

帮助幼儿学习某种特殊的概念或技能的玩教具，如颜色、大小、形状、分类、序列、推理、数字与计算等。这类玩教具通常包含特定的学习任务，在设计上通常采用拼图、配对、组合等形式，对操作方式与方法也有一定的要求。

3) 建构性玩教具

可以让幼儿进行建构活动的材料，如积木、积塑、沙水等。这类材料或玩教具的玩法为个体提供较大的自由想象和发挥的空间。例如，年龄较大的幼儿可以用许多积木来建造“火车”，年龄较小的幼儿也可以把一块积木当作“火车”来玩。除了建构的功能以外，积木也是帮助幼儿学习和体验数学、物理知识和关系的很好的材料。

4) 运动性玩教具

如球、绳、毽子、滑板、自行车(包括单轮、双轮、三轮、四轮车)等。

2. 课题取向分类

玩教具的课题是向游戏者提出的任务，也是游戏者通过游戏过程所要获得的结果。根据玩教具课题的性质，可以把玩教具分为以下三种类型。

1) 动作技能型玩教具

这种玩教具主要帮助幼儿学会操作和使用各种实际生活用品、工具，练习各种动作和技能，使基本动作协调。

2) 智力技能型玩教具

智力技能型玩教具主要帮助幼儿形成智力活动的基本方法，如比较、排序、分类等。

3) 创造性玩教具

创造性玩教具主要帮助幼儿展开想象，创造性地反映自己的生活经验。

3. 结构化程度分类

根据玩教具的游戏功能的结构化程度，我们还可以把玩教具分为专门化玩教具和非专门化玩教具(或高结构性玩教具和低结构性玩教具)。

1) 专门化玩教具

专门化玩教具主要指表征性玩教具、教育性玩教具、运动性玩教具等。这些玩教具不仅功能明确，玩教具本身也包含一定的玩法或游戏的规则，属于结构性程度较高的玩教具。

2) 非专门化玩教具

非专门化玩教具的游戏功能相对不确定，结构性程度相对较低，游戏者可以根据自己的想法和想象自由地使用游戏材料，例如建构性玩教具或材料、废旧物品(如纸盒、线轴、雪糕棍)等。这类材料为游戏者留下的个人想象的空间较大。研究表明，非专门化玩教具或游戏材料可以促进幼儿在游戏中的想象和发散性思维。例如，幼儿可以把半个皮球当作娃娃的帽子、碗、锅、洗澡盆、电话、乌龟等多种物品。非专门化玩教具比较适合幼儿园中、大班的幼儿使用，应当注意为中、大班的幼儿提供非专门化的材料。

6.1.4 幼儿园自制玩教具的基本原则

陈鹤琴早在1924年就提出了区分玩教具优劣之标准，他明确提出好玩教具应该是“有变化而活动的”“可以刺激想象力和发展创造力的”“质料优美、构造坚固、不易损坏”“洗濯而颜色不变，形状不丑陋，足以发舒美感”。陈鹤琴还指出，凡是“只能使小孩子旁观而不能玩弄”“要发生危险”“不合卫生”“有嘈杂声音”或者“质料薄弱，颜色丑陋而不能洗濯”的玩教具都是坏玩教具。因此，幼儿园自制玩教具应遵循以下基本原则。

1. 文化传承性

人民论坛网刊文指出，将新时代十年取得的伟大成就融入课程思政。要把中华优秀传统文化得到创造性转化的伟大成就融入课程思政。玩教具不仅能满足幼儿具体操作的需要，而且承载了社会文化的习俗，因此可以很好地成为文化传承的载体。处于学前教育阶段的儿童是民族文化传承的优质对象，一是因为教育是一种培养人的社会实践活动，是有计划、有目的地向下一代传授生产生活技能、文化知识的活动，二是中国传统文化传承了上一代人民的劳动智慧，可以帮助儿童更好地适应社会生活，实现文化自信从儿童抓起。

陈鹤琴先生在对我国玩教具进行改革时，一方面借鉴了我国本土玩教具的优良之处，另一方面学习了国外玩教具的设计理念。比如他设计的陈氏儿童识字牌，其造型结构和玩法都类似于我国传统民间游戏——麻将。幼儿通过玩这种识字牌，可以不知不觉地了解汉字、熟悉汉字。一些民间手工艺品的制作方法可以通过幼儿“玩具”自制的途径进行传承。例如，河南淮阳有一种传统手工艺品“泥泥狗”，它是一种原始图腾文化下产生的一种独特的民间艺术，可以把泥巴制作成人面泥、猴头雁等二百多种形象。在20世纪初，有个村庄制作的“泥泥狗”特别出名，村庄里无论大人还是小孩几乎都会制作“泥泥狗”。孩子们没有刻意去学上辈的制作经验，最初只是玩泥巴，把泥巴捏成不同的形状。后来大人觉得小孩子捏得像模像样的，就告诉他们一些“泥泥狗”的制作工艺。孩子们在制作“泥泥狗”时感受到乐趣，逐渐掌握了较高的制作技术。这样一辈辈传下来，竟也将这种传统手工艺品发扬光大了。这个过程可以给幼儿园玩教具制作带来启发，特别是在少数民族地区的幼儿园中，幼儿可以与老师共同制作具有民族特色的手工艺品玩教具，有助于了解民族文化，传承和发展民间手工艺。

因此，为了理解传统文化和手工制作玩教具作品之间的连结，教师需要深刻地挖掘当地的文化资源。而自制玩教具是一种有效的途径，教师需要在丰富的文化基础上对各种因素进行整合，从而形成一个最有价值的玩教具。

2. 科学性与教育性原则

玩教具的科学性原则表现在玩教具所蕴含的知识、概念和原理上；教育性原则是指自制玩教具以自身的基本性能为载体能够产生相应的教育作用。教育性包含教育内容、教育的途径。教育的内容是指教育的素材，教育的途径是指教育者运用什么样的环节来把知识传递给被教育者。评价一件自制玩教具的教育性时，应当从它是否符合幼儿园的课程目标和教育内容，是否能够鼓励幼儿积极主动地参与活动等几个重要的方面进行衡量。多数教师具有很强的制作能力，无论是在绳艺、废旧物品再利用还是科技玩教具等多种类型的玩教具制作上，拿出来给家长和幼儿欣赏的作品都是比较赏心悦目的。可是，教师虽注意到让幼儿主动参与玩教具的制作过程，但从自制的过程和结果来看，幼儿制作的玩教具多是一些刻板的手工作品，说明玩教具制作功能没有得到充分发挥，未能激发出幼儿自身的创新制作能力。一些幼儿园过于强调教师在玩教具制作方面的创新能力，造成部分教师忽略了幼儿在自制玩具时的创意和想法，也忽略了组织幼儿进行玩教具制作本身的目的。

3. 艺术性与可玩性原则

艺术性与可玩性原则指玩教具既要好看又要好玩。艺术性原则是指玩教具的色彩、造型等符合形式美的一般原则，且符合幼儿的审美情趣。形象生动、色彩鲜明、夸张诙谐的玩教具深受幼儿喜欢，能激发他们的活动兴趣，在游戏中经常被选中。可玩性原则是指玩教具的操作过程有趣、好玩，幼儿能够持久地操作和玩耍；玩教具具有可探索性，有利于幼儿想象和创造，能引发幼儿进行创造性活动。2016年3月1日正式施行的《幼儿园工作规程》指出，幼儿园教育应注重幼儿的直接感知、实际操作和亲身体验。鼓励幼儿自己制作玩具或游戏材料，是实现这一教育目标的重要途径。可见，人们开始关注幼儿的主体地位，鼓励幼儿根据自己的经验和兴趣制作玩具。

自制玩教具的设计角度要以幼儿为中心，从幼儿的审美情趣出发。要体现出趣味性，应从以下几个方面考虑：首先，玩教具要色彩鲜明，造型独特；其次，玩教具操作过程有趣，能激发幼儿的活动兴趣，具有可探索性。特色鲜明、活泼有趣的外观造型能够让儿童在用玩教具游戏时尽情地展开想象，促进儿童创造力、想象力的发展。然而儿童的情绪、情感是不稳定的，对事物的热情往往稍纵即逝。所以需要以儿童原始驱动力——好奇心作为媒介，激发儿童的探索欲望。例如，儿童往往对自然现象、寓言故事等十分感兴趣，因此教师要围绕这些主题进行玩教具创作。

4. 经济性与可持续发展原则

党的二十大报告指出："必须牢固树立和践行绿水青山就是金山银山的理念，站在人与自然和谐共生的高度谋划发展。"经济性原则是指以最小的投入获得最大的效益；可持续发展原则是指通过玩教具制作的活动，培养幼儿可持续发展的意识和态度，增强幼儿实践可持续发展的能力。

5. 创新性

创新性原则是指构思新颖，包括完全的创新和对原有玩教具所进行的超越性改造。

创新可以体现在新的功能上，利用原有的玩教具实现新的教育价值；创新也可以体现在新的方法上，用新的玩法来实现同样的教育价值；采用新的材料实现原有玩具同样的价值；设计出全新的结构，或者对原有玩具的结构进行改造和重新组合，使之产生新的意义；运用新的科学技术，设计、制作出新颖的玩具等。

自制玩教具是为了弥补成品玩具的不足而设计的，单纯的模仿只会让自制玩教具变成一种摆设。这就要求自制玩教具构思新颖，外形独特，这样才能激发幼儿的想象力和创造能力。评价自制玩教具的创新性，主要应从以下几个方面进行考虑：一是使用的材料让人耳目一新；二是结构新颖，别具一格；三是使用方法推陈出新；四是材料具有多功能和可变性，利于幼儿多种感官的整体发展。

6. 安全性

儿童安全意识薄弱，身体发育未完全，不能很好地保护自己的安全。玩教具是幼儿每天都要直接接触的，玩教具自身应该是安全卫生、无损幼儿健康的。目前，由于我国学前教育体制还未健全，依法办园的思想尚未充分普及，由玩教具的不规范和不适合而引发的安全事故屡见不鲜。因此，自制玩教具的材料是否环保，是否安全卫生、无毒无害，应是教师最应考虑的问题。

安全性指自制玩教具要符合国家的玩具安全标准和卫生标准。玩教具本身的安全隐患主要来自设计、制作过程以及使用的材料三方面。评价自制玩教具的安全性时应当考虑它是否符合国家安全和卫生标准，确保在材料的使用、外形结构的设计、制作和使用方法等方面不会对幼儿造成伤害，具体体现在以下几点。第一，制作玩教具所用的材料不应包含有毒有害物质，不应使用受过污染的材料。第二，所用的材料和制成品不应有尖锐的角、锋利的边缘和裂缝。第三，玩教具体积不能过小，以免幼儿因误食而窒息；不能带有长线，以免幼儿因长线缠住脖子或绊倒而造成意外伤害。第四，玩教具的大小以适合幼儿把握为宜，过于细小和过重的玩教具都不适合幼儿。第五，幼儿需要在家长、教师的监护下收集手工材料。教师在选择自制玩教具材料时应注意材料的安全性。教师尽量选择天然资源材料，例如面粉、纸片、树叶、木棒、植物秸秆、废纸箱、细线、棉布、棉花。

任务6.2　纸材料玩教具制作

6.2.1　纸材料玩教具简述

当前，保护环境和节约资源已成为全人类可持续发展的共同话题。现代社会对儿童教育的投入较大，而儿童对于一件新鲜玩教具通常保持10天左右的兴趣，之后这些玩教具就会变成垃圾，造成资源浪费。以纸为原材料的玩教具则能弥补这个缺陷，更能以其独特的性能特征吸引社会各界的关注。

纸材料玩教具，顾名思义，就是以纸为主要材料制作的玩教具，具有安全、环保、轻便、经济、易降解等特点。由于纸板具有比较好的可塑性，能够按照事先预留的压痕轻松实现折叠功能，且允许在其表面涂鸦，体现DIY(do it yourself，自己动手制作)的设计理念，因此，利用纸质材料设计、制作的儿童玩教具与其他玩教具相比，具有鲜艳的色彩特征、安全的材质保证，且能带来自由涂鸦的DIY乐趣。

同时，中国是纸的发源地，在中国传统文化中，纸有着举足轻重的地位。在中国民间玩具中，以纸为材料的有纸风筝、剪纸、扎龙、扎狮、走马灯等，形式多种多样。目前，市场上以纸为材料的玩教具有平面拼图、立体拼图、手工创意袋等，品种奇多，琳琅满目。纸玩具区别于其他玩具的材质特点为安全、轻便、环保、操作性强等。纸材料玩教具与儿童教学相结合，可以充分发挥纸材料玩教具对儿童创造力的培养。

6.2.2　不同纸材料制成的玩教具

1. 卡纸

卡纸是介于纸和纸板之间的一类厚纸的总称。如图6-2-1所示，卡纸表面平滑，经过压光，挺度较高，因而也有人称其为薄纸板。这种纸的纸面色质纯度较高，具有较均匀的吸墨性，也有较好的耐折度。卡纸的特点是易于成型，制作手法有插接、剪裁、编织等多种，在幼儿园的环境布置和玩教具制作中经常用到。卡纸材质比较坚硬，色彩丰富，纸面比较光滑，是幼儿进行绘画和教师进行课堂教学的常用工具，适用范围比较广泛。

2. 瓦楞纸

瓦楞纸是由挂面纸通过瓦楞棍加工而形成的波形纸张。用瓦楞纸黏合而成的板状物一般分为单瓦楞纸板和双瓦楞纸板两类。如图6-2-2所示，玩教具制作中对瓦楞纸的使用一般采用剪贴、扭卷等方法。瓦楞纸质地比较硬，容易塑造，颜色多样。幼儿在使用瓦楞纸进行手工制作的过程中，能增强立体想象力。

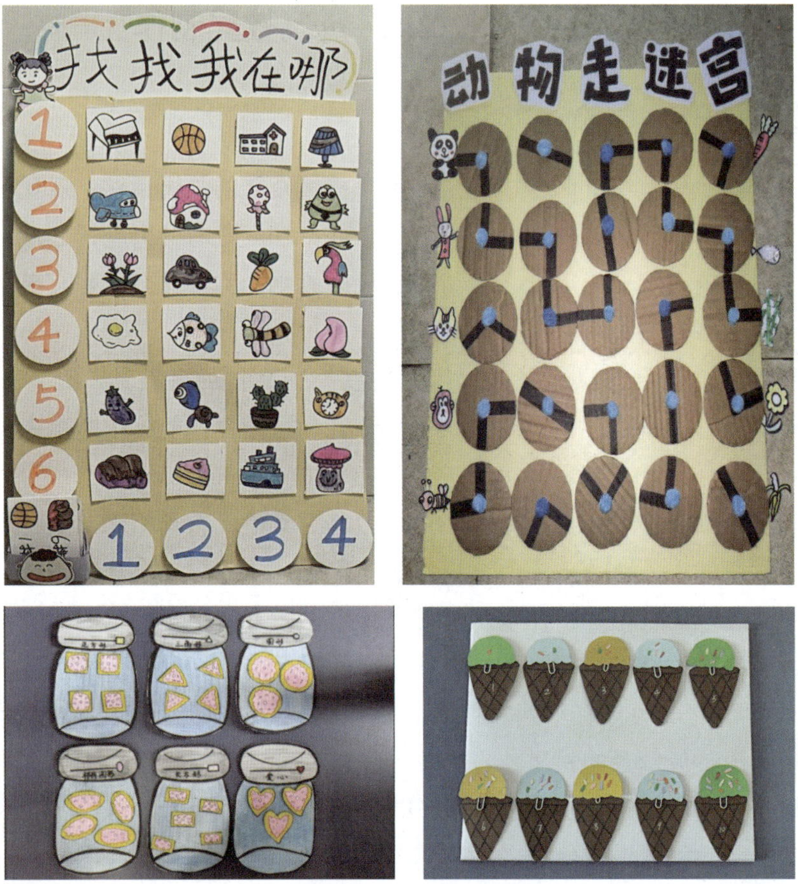

图 6-2-1　卡纸玩教具

图 6-2-2　瓦楞纸玩教具

3. 皱纹纸

皱纹纸又称皱纸，是纸面呈现皱纹状的加工纸的统称。皱纹纸可分为生活用皱纹纸、包装用皱纹纸和装饰用皱纹纸三类。如图6-2-3所示，玩教具制作中对皱纹纸的使用一般采用剪贴、扭卷、揉搓等方法。皱纹纸由于质地比较柔软，颜色较多，采买方便，制作手法简单，造型逼真，制作过程灵活多样，很受幼儿园教师和幼儿的欢迎。幼儿在使用皱纹纸进行手工制作的过程中，还能增强手眼的协调能力和色彩感知力。

图 6-2-3 皱纹纸玩教具

4. 衍纸

衍纸是一种特殊的纸艺造型，主要是指遵循形式美的基本法则，将长长的纸条通过卷、捏、拼、贴组合成某个造型后竖起来粘在背景纸上，从而形成三维立体的特殊艺术效果。基本方法就是以专用的工具或手将很多细长的纸条制作成一个个“零件”，然后通过组合这些样式复杂、形状各异的“零件”来创作。衍纸制作时要注意使线条流畅、主题突出、主体形象鲜明。衍纸作品可用于幼儿园的墙面布置，也可作为幼儿园美术课教学内容。根据幼儿的审美心理，幼儿园使用的衍纸作品还要求所设计的人物、动物或物体色彩鲜艳，形象生动有趣、活泼可爱，如图6-2-4所示。

图 6-2-4 衍纸玩教具

任务6.3 泥材料玩教具制作

6.3.1 泥材料玩教具简述

玩泥巴是幼儿喜爱的游戏，幼儿园泥工活动的开展深受幼儿的喜爱。一方面，泥工材料色彩鲜艳，质地柔软，可塑性强，可以随意采用搓、揉、捏、压、团、压扁、拉等方法来改变它的形状，也可根据自己的意愿来随意塑造物体的形象，幼儿在玩泥的活动中会充分地体验到创作的乐趣。另一方面，玩泥是幼儿的天性，动手又动脑，既能锻炼手眼协调能力，又能发展想象力，让孩子们在玩泥中体验游戏的快乐。

玩泥巴活动可以追溯到我国传统的泥塑工艺，泥塑工艺是我国民间工艺的重要组成部分。传统泥塑的题材非常丰富，主要有各类寓意吉祥的动物、人物等，还包括历史故事、神话传说、民俗事项、戏曲、小说传奇中的形象。人们用最简单、原始的泥土材料来塑造出各种栩栩如生的艺术形象，为人们还原出曾经的历史人文生活，它蕴含了丰厚的历史文化内涵。它是炎黄子孙智慧的结晶，伴随着人们生产和生活的习俗而产生。泥塑艺术工艺手法纯熟，泥工材料品种繁多，具有可操作性，富有变化性，是美工活动的重要组成部分。小小的一块泥，运用抟、捏、压、划、戳等技能，或辅以简单工具，就可以制作成栩栩如生、鲜明生动的艺术形象。

泥材料玩教具制作是指以泥、陶土、橡皮泥、超轻黏土等为主要原材料，用双手或借助一些简单的工具，通过团、揉等泥工技能将泥塑造成半立体或立体形象的玩教具。根据《幼儿园教育指导纲要(试行)》对幼儿园教育内容的要求，泥材料玩教具制作既要考虑幼儿的生活经验，也要考虑幼儿的能力水平。教师应提供丰富多样的材料与工具让幼儿选择，如不同颜色的超轻黏土，让幼儿根据作品的需要进行挑选。活动中的辅助、装饰性材料也应丰富多样，教师可提供不同材质的点状、线状、面状材料并鼓励幼儿对泥材料玩教具作品进行装饰，从而丰富作品的形象。

通过开展泥材料玩教具制作，能锻炼幼儿手部肌肉的灵活性和协调性，促进幼儿手部肌肉群的发育。幼儿可以将泥揉成一团，搓成长条，分成小块，粘成整体，还可将泥揉成任意形状的物体，需要双手的手指、手掌、手腕、手臂不停地做动作，特别是手指、手掌操作，在操作过程中锻炼幼儿的手部肌肉。另外，该过程还有利于提高幼儿的智力、审美能力以及创造力。在泥材料玩教具制作的过程中，幼儿的视觉、听觉、触觉等多种感官都会积极配合，对幼儿的脑部发育有着极其重要的影响。幼儿在不停地感受美、欣赏美，甚至在创造美。该过程可加强幼儿对大小、比例、宽度、长度、深度、形状、体积等空间概念的认识，比平面艺术更具有启发性，有利于幼儿造型能力、感知能力的提高。

6.3.2 不同泥材料制成的玩教具

1. 传统泥

传统泥主要指陶土，作为自然资源的一种，被广泛运用于早教中。在使用陶土进行创作之前，加水使陶土变成潮湿、软黏的状态，再看情况逐步加水，发挥想象力，直至创造出想要的形状。用自己的双手去感受陶土。通过敲打、揉搓、拉、团等动作，了解自身精细运动功能。陶土的多变特性，是孩子释放自我、阐述童真的一种朴实的方式。幼儿先用手探索研究，在了解陶土的特性后，慢慢搭配使用一些工具，比如擀面杖、剪刀、刮刀和雕刻笔等，制作更复杂的玩教具。

2. 彩泥

彩泥主要包括橡皮泥、超轻黏土和软陶。如图6-3-1所示，彩泥具备可复制性，可任意捏成各种形状。根据配有不同形状的模具、模板，可将彩泥制作成各种物品，创作出自己想要的作品。彩泥玩教具对于培养儿童的手眼协调及色彩识别和创作思维能力有着独特的效果。

图 6-3-1　彩泥玩教具

任务6.4 布材料玩教具制作

6.4.1 布材料玩教具简述

布材料简称布料，它具有花色繁多、种类丰富的特点，被广泛地应用于服装与环境装饰中。由于其柔软，能拉伸，有韧性，可清洗，常被用于制作儿童玩教具。布材料的制作也被称为布艺，在我国有着悠久的发展历史，是我国民间传统手工艺之一。布艺手工制作的主要方法有画、剪、缝、绣、粘贴、层叠、染色、填充等，造型方式有平面和立体之分。但因布材料比纸材料柔软、有韧性，造型时更随意，变化也更多，布材料作品形式多样、形象生动，很适合用于儿童活动环境的装饰和玩教具的制作。

布材料玩教具制作需要遵循以下原则。

1. 安全卫生性原则

要选择舒适、结实耐用的外用布料。因为幼儿主动去触摸、玩耍的频率比较高，幼儿的皮肤又娇嫩，因而外用布应采用色彩鲜艳的棉布、卡吉布等柔软舒适、结实耐用的布料。内充料一定选用安全、耐洗、不变形的腈纶棉。玩教具做成后，可以用手捏一捏，体验一下手感是否柔软，检查其中是否存在金属碎屑、钉、针等不安全的东西；另外，国家GB6675规定，扣子等小零件应能承受90 N拉力而不松动，否则，幼儿咬、啃、抠时，这些东西极易脱落，一旦被幼儿吃到嘴里吞咽下去，容易卡在喉管造成窒息。因此玩教具做成后，用手抠住玩教具上的鼻子、眼睛、扣子等小零件，使劲拉一下，看是不是有松动或脱落。玩教具的外用料、内充料、各种附件最好都能够进行日常清洗、日晒、紫外线照射等。

2. 可操作、多样性原则

要让玩教具可拆、可装、可组合，且每一个玩教具有多种用途、多种玩法。这对于3岁前幼儿的智力和动作发展以及兴趣的培养至关重要。不仅要考虑到玩教具的一些基本教育功能，还要在细节的设计上动些心思，让玩教具全身都“动”起来，每一部分都具有可操作性。

3.便携性原则

大型综合性布制类玩教具制作材料最好选用棉布、腈纶棉、纽扣等轻便的材料，并采用便于拆卸的连接方法，最好在每个接缝处采用活扣，让玩教具可以拆卸，便于取放和搬动，以便幼儿在不同的场合进行游戏。

6.4.2 不同布材料制成的玩教具

1. 不织布

相比于普通纺织布，不织布较为平实、挺括，较好定型，是手工制作的理想材料，因此，在玩教具的制作上也可以充分发挥这些优势。同纺织布一样，不织布的立体造型也多通过缝制、填充来完成，具有造型逼真可爱、触感柔软、不怕挤压、方便清洗、装饰性强、安全性高等特点(见图6-4-1)。

图 6-4-1　不织布玩教具

2. 毛线

毛线贴画(见图6-4-2)是近年来比较流行的一种新画种。它利用毛线色彩鲜艳、造型感强的特点，可以制作出具有很强个性和现代感的作品。毛线贴画需要不同色彩、不同粗细的毛线的搭配、组合，既要突出主体，又要富于变化。

毛线贴画的制作需要注意以下几点：一是两个相邻的块面可用横向和竖向等不同的排列方式；二是粗细搭配可以更好地突出画面主体；三是色彩搭配要注意画面的整体风格，如确定画面的冷暖调、对比色等。

图 6-4-2　毛线玩教具

任务6.5 废旧材料玩教具制作

6.5.1 废旧材料玩教具简述

随着社会和科技的发展，各种生活废旧材料越来越多。废旧材料在一般意义上是指因过长时间而发生改变或失去原有效用，但却能用于幼儿园教育活动的材料，既包括生活中相对较小的材料，如各种饮料罐子、废旧报纸、管子、带子、扣环、袜子、盒子、绳索等(见图6-5-1)，也包括一些相对较大的材料，如一些废旧的桌椅、板凳、旧地板等。这些材料很多并不是因为损坏而报废，而是因为太占空间且没有用途才被丢弃。不管其原因如何，由于这些材料都来源于儿童熟悉的生活，因此一方面适合通过重新整合、挖掘和制作等方式，作为教育材料投放到幼儿园活动中，另一方面可以减少浪费，最大限度地发挥这些废旧材料的教育价值。废旧材料玩教具的制作需要注意以下几个方面。

图 6-5-1　废旧材料玩教具

1. 要了解废旧材料的性质、安全系数和幼儿对材料的控制能力

被废弃的材料因为性质不同，后期所产生的影响也是不同的。首先应考虑这些材料的安全性(如必须是无毒害的)，其次要考虑幼儿对材料的控制能力，利用废旧材料制作的器材必须形状规则、接口平滑，防止幼儿因无法掌握而出现安全事故。

2. 要考虑幼儿的身心发展特点和现有经验

一般而言，不同年龄的儿童对材料的需求是不同的。小班幼儿对材料的形状、色彩要求较高，好模仿；应为中班幼儿提供数量足、内容丰富的材料；应为大班幼儿提供多样化、复杂化并具有一定难度的材料。

3. 要考虑材料的教育性和趣味性

所选的废旧材料应承载一定的教育价值，能引起幼儿们的兴趣。总之，由于幼儿教育活动的生活性、活动性、浅显性特点，幼儿活动材料的取材要来源于生活。应选择幼儿熟悉的废旧材料，同时坚持“取材多元、操作方便、耐玩实用、易于推广、促进发展”的原则，因地制宜地发动教师、家长、幼儿和社区人员，积极挖掘和开发丰富资源，根据选材标准，选择那些“安全、卫生、耐用、不易碎”的材料，分层、分阶段地开发与利用。

总体而言，废旧材料玩教具的制作过程不仅能锻炼制作者的动手操作能力、造型能力和创造力，还能培养一定的环保意识。根据材料类别的不同，可以将废旧物品分为废旧纸类材料、废旧塑料类材料、废旧木质材料、废旧金属类材料等。

6.5.2　不同废旧材料制成的玩教具

党的二十大报告指出，要推动绿色发展，促进人与自然和谐共生。大自然是人类赖以生存和发展的基本条件。尊重自然、顺应自然、保护自然，是全面建设社会主义现代化国家的内在要求。必须牢固树立和践行绿水青山就是金山银山的理念，站在人与自然和谐共生的高度谋划发展。基于此，为了培养幼儿的环保和节约意识，提高其动手实践能力，本着“绿色、创新、发展”的理念，充分利用可回收资源，变废为宝。

1. 废旧纸类材料

纸类材料用品在生活中较为常见。卫生纸、一次性纸杯(见图6-5-2)、包装袋、包装盒(见图6-5-3)、纸筒(见图6-5-4)、纸碗、纸盘(见图6-5-5)，都可作为手工制作材料。

图 6-5-2　一次性纸杯玩教具

图 6-5-3　包装盒玩教具

图 6-5-4　纸筒玩教具

图 6-5-5　纸盘玩教具

废旧纸类材料指的是在生活中已经使用过而失去效用的无毒无味、安全卫生的纸类材料用品。虽然它们已经失去了原有效用，但是通过收集一定数量的废旧纸类材料、运用一定的制作方法，可以将其变废为宝，使其变成好玩的、好看的、有用的手工制品。废旧纸材料与其他废旧材料相比，在材质上具有较软、易塑形的特点，且相对安全、卫生，因此在幼儿园玩教具制作实践中较为常见。表6-1总结了主要的纸类别，并详细列出了各类别包含物。

表6-1　各类废旧纸

废旧纸类别	各类别包含物
书籍纸张类	生活中丢弃的旧报纸、打印纸、广告纸、挂历纸、扑克牌
物品包装盒	较为常见的有牙膏盒、化妆品盒、月饼盒、牛奶盒、饼干盒、鞋盒等。物品包装箱有大型电器纸箱体、酒类纸箱体、各类零食大箱体等
包装袋	衣服品牌纸袋、饰品品牌纸袋、食物纸袋
纸盘、纸筒类	卫生纸的纸筒、挂历的外包装纸筒
软纸类	卫生纸

2. 废旧塑料类材料

在日常生活中，废旧塑料类材料主要包括各种饮料瓶、矿泉水瓶、塑料吸管、塑料扣子以及塑料袋等。如图6-5-6所示，利用剪切、折叠、涂画、剪贴的手工制作方法，也能将废弃的塑料类材料变废为宝。

图 6-5-6　废旧塑料玩教具

3. 废旧木质材料

废旧木制材料有一次性筷子、冰棒棍、牙签等。在进行木质材料手工制作时，要根据木质材料的大小、形状进行合理联想来设计与制作。木质材料手工造型主要有粘贴围合、粘贴组合、绑成支架、裁剪组合、平面粘贴等(见图6-5-7)。

图 6-5-7　废旧木质玩教具

4. 废旧金属类材料

金属材料有奶粉罐、旺仔牛奶罐、啤酒罐、喜糖盒、铁皮罐头盒、饼干盒等(见图6-5-8)。金属材料由于其材质比较硬，制作时难度比其他材料要大。但是它的坚固性使得它在玩教具制作中比较常见。废旧金属类材料手工造型主要有以下几种。一是原形利用，最简单的原形利用就是将很多铁罐子放在建构角，让幼儿将其当作建构材料来使用，还可以将七个罐子用透明胶带绑紧，当桥墩玩具，练习幼儿的平衡技能。二是剪切瓶身，里面加一些泥土，利用它种植植物。三是剪瓶底和瓶口，剪瓶底后，将瓶身剪成各种各样的花瓣，对花瓣进行卷曲、修剪等即可做出铁罐花。铁罐剪掉口部，将瓶身剪成细条并对其进行卷曲、捏合，就可以将其做成桌椅。四是平面剪贴，用铁罐剪切出动物的头、身体、四肢、尾巴，然后将其粘贴到平面背景纸上。

图 6-5-8　废旧金属玩教具

任务6.6 自然材料玩教具制作

陈鹤琴先生早在20世纪40年代就提出“大自然是活教材”的主张：“大自然是我们的知识宝库，是我们的活教材、活教师，我们应该向它请教，向它探讨。”自然界拥有丰富的自然资源，赋予了我们各种草茎、树叶、植物的种子，还有农作物的秸秆。河边到处可见形态各异的蚌壳、螺蛳、飘荡的芦花，这些自然材料都能引起幼儿活动的兴趣，是幼儿的兴趣所向。只有当幼儿对玩具材料感兴趣时，才能最大限度地发挥潜能，在快乐中学习。而且这些独特的材料可塑性强，稍作加工点缀，就是一件生动逼真的作品，具有较大的教育价值和独特的美感、天然的物理特性以及结构的多样性。组织幼儿合理利用自然材料进行手工制作，不仅可以节省财力、物力，教师组织起来也得心应手。更重要的是，自然材料的各异形态和自然美感能够不断激发幼儿的创作灵感，可以培养幼儿的创新能力，激发幼儿热爱大自然、热爱家乡的情感。

6.6.1 不同自然材料制成的玩教具

1. 蔬果类造型

艺术源于生活，那些色彩鲜艳的、造型独特的蔬果在生活中随处可见。寻常百姓家利用各种烹饪技法，把各类蔬果制成鲜美佳肴，而艺术创作者们则可利用各种蔬果的大小、色泽、形状、造型等方面的特性，对其充分联想并进行制作，巧妙地将形色各异的蔬果拼凑、组合起来，创作出很多情趣盎然的、富有艺术气息的蔬果类造型(见图6-6-1)。蔬果类材料比较特殊，制作时不必考虑其结实程度；与其他手工类玩教具相比，蔬果类造型的制作重在制作的过程，而不侧重其实际的应用性。因此，学习蔬果类造型旨在体验蔬果造型的乐趣，在制作过程中养成联想的好习惯，并善于发现、表现生活中的美。通过对蔬果特有的形、色进行联想，运用削、剪、雕刻、拼、插等方法进行制作，培养幼儿对造型的想象力和创造力，使其从中获得创作的灵感和快乐，在动手操作中提高造型的技能。

图 6-6-1 蔬果玩教具

2. 种子造型

谷类、豆类、瓜类食物都有种子，一般种子颗粒不大，属于点状材料，适合平面造型，因此种子造型基本都属于拼贴画类(见图6-6-2)。由于五谷杂粮种子占多数，因此种子造型也统称五谷杂粮画。种子材料包括胡椒子、葵花子、扁豆、小麦、亚麻子、菜子、绿豆、蚕豆、豌豆、大米、小黄米、红豆、干玉米粒等。种子类造型源于民间用五谷作画的习俗，主要通过选粒、浸药、蒸熏、风干、晾晒、阴窖、磨板、摹字、仿形、粘接、增亮、定色、封面、装框科学工艺流程，达到防虫、防腐，保持其自然本色的效果。充分发挥种子的外壳、形状、纹路、颜色的特点，将其拼贴成有特色的种子平面贴画作品。既可以是谷类、豆类及果壳类种子的单独拼贴，也可以是混合拼贴。

五谷杂粮画起源于盛唐，当时五谷丰登，国泰民安。“五谷”被视为夺天地之精华的吉祥物，故被用于作画。此类画作在清代十分兴盛，全国各地形成了很多流派。当代五谷杂粮画的兴起，反映现代社会五谷丰登、国泰民安、民族统一、欣欣向荣的景象。五谷杂粮画因此也成为五谷文化的一部分而被世代传承。

图6-6-2 种子玩教具

3. 树叶类造型

在树丛间，那红的、紫的、黄的、绿的树叶，就像画家手中的调色板一样绚丽多彩，人们不禁要采撷一些带回家当玩物或者做装饰。对于幼儿来说，树叶是最天然、最易得的玩教具(见图6-6-3)，奇异的造型和缤纷的色彩最吸引幼儿的注意力。在玩树叶的过程中，既能锻炼幼儿的观察力和想象力，丰富幼儿的生活，也能培养幼儿亲近自然的情感。

树叶的采集要保证颜色和形状的多样化且呈现系列化，如多菱形的枫叶、圆形的桦树叶、椭圆形的胡枝叶，同种树叶由大到小，颜色由绿到黄。采集后的树叶要先用吸水纸分类夹着，然后用重物压着，隔着两三天翻一下。注意要轻拿轻放，不要重压，以免其破损。制作方法主要有：

(1) 粘贴，在卡纸上画出所要的形状，然后根据需要选择形状有趣、色彩漂亮的树叶，通过并列粘贴、堆积粘贴的组合方法构成漂亮的头饰、面具、扇子等。

(2) 剪贴，根据需要将树叶剪成所需的形状，加辅助材料以构成作品。

(3) 组合，将树叶与其他类果壳进行组合以形成造型。

(4) 雕刻。在树叶上描绘出有趣的造型图画，然后进行镂空雕刻。

(5) 捏碎，将树叶洗净，为保色，宜将其夹在吸水性较强的纸中，然后放入厚书中或重物下轻压，让其自然干燥，干制后才能进行捏碎粘贴。

(6) 编织，将树叶剪成条状后，进行交叉编织。

(7) 印染，在树叶上染上喜欢的颜色或使用原色，然后将其放在两张纸之间，用锤头或手掌击打树叶，树叶上的颜色或绿素就会印在纸上，得出漂亮的树叶脉络图。

(8) 绘画，用水笔直接在树叶上绘图。

图 6-6-3　树叶玩教具

4. 石头造型

石头从来就是儿童的一种天然玩具。儿童拿起石头就可以玩很多种游戏，如投掷、打水漂、抓抛、数数等。石头造型，即用天然形成的各种石头进行的艺术创作。创作中多以彩绘、拼堆、组合等形式，巧妙利用其特殊色泽及纹理加以造型。有单个造型、组合造型、人物造型、动物造型、风景造型等。在创作者创造性的想象下，合理运用装饰进行拼堆来创造所要表现的物象，赋予石头独特的个性和艺术美感。

制作石头类玩教具时应仔细观察石头的特点，抓住其原始形状、纹理、色彩等进行塑形(见图6-6-4)。如圆鼓鼓的石头可用作企鹅的身体，上小下大的石头可用作雨滴，扇形贝壳可用作水母。总之发挥想象，找到石头与物体之间的相似处。先在头脑中进行总体构想，初步确定一个制作主题，尝试将其画出来。制作方法主要有：

(1) 彩绘，根据石头的形状、大小、纹理、颜色等设计图案，然后用水粉、油画棒或丙烯颜料进行添画来完成。

(2) 组合粘贴，将不同造型的石头组合粘贴在一起，形成幼儿熟悉的、生活中的造型形象。

(3) 雕刻，用笔在石块上画图案，然后利用雕刻工具进行刻画、刨画和透雕等，再用毛笔沿着刻线或造型进行着色、晕染。这种方法在幼儿园用得不多，因为石头比较坚硬，较难雕刻，一般石头艺人会用此法。

图 6-6-4　石头玩教具

任务6.7　幼儿园玩教具制作技能实训

模拟实训 1：小班玩教具制作

小班幼儿喜欢户外活动，能沿地面直线或在较窄的低矮物体上走一段距离，也能身体平稳地连续向前跳。运用玩教具开展多种形式的体育活动，提供多种自制的运动器具，能够满足幼儿的不同需求，提高幼儿参加体育活动的积极性。请使用纸材料为幼儿设计一个户外运动玩教具，帮助幼儿发展平衡能力并提升动作协调水平。

【实训目标】

1) 通过纸材料的运用，培养学生的动手能力和创造力。

2) 促进学生对小班幼儿户外活动玩教具的了解。

【实训要求】

1) 学生应根据幼儿的年龄特点和兴趣爱好，选择合适的教具制作材料和方法。

2) 利用纸材料，设计并制作出小班幼儿户外运动玩教具。

3) 要求写出设计思路与玩教具的几种具体玩法。

【实训考核】

实训结束后，教师根据表6-2所示的评分标准对学生作品进行评分。

表6-2 评分标准

评分项目		分值	实际所得分值
设计层面	符合班级年龄特征	10	
	服务于目标	20	
操作层面	操作性强	20	
操作层面	外形美观、制作精致	20	
	废物利用	15	
	功能多	15	
合计		100	

模拟实训 2：中班玩教具制作

培养幼儿的语言表达能力是幼儿园语言教育的重要要求，而讲述活动是培养和锻炼幼儿语言能力的有效途径，即引导幼儿用较为完整、连贯的语言表达自己的想法，讲述简单的情节内容。教师在组织幼儿进行语言讲述活动的过程中，需要借助玩教具多角度、多方位地挖掘新的故事情节，并用流畅的语句讲给幼儿听。在这一过程中，重要的是提供适宜的玩教具并解决讲述活动中存在的问题。请自选中班故事，设计一个供教师在故事讲述过程中使用的语言玩教具，该玩教具应与故事情节相适应。

【实训目标】

1) 培养学生综合使用多种材料的动手能力和创造力。
2) 提高学生对中班语言活动目标的理解力。
3) 提高学生对语言领域玩教具的认识和使用能力。

【实训要求】

1) 基于中班幼儿年龄特征选择故事题材，并设计出相应的玩教具。
2) 所设计的玩教具应服务于教师故事讲述活动，且有利于幼儿理解故事内容。
3) 要求写出该玩教具在故事讲述活动中的具体玩法。

【实训考核】

实训结束后，教师根据表6-3所示的评分标准对学生作品进行评分。

表6-3 评分标准

评分项目		分值	实际所得分值
设计层面	符合班级年龄特征	10	
	服务于目标	20	

(续表)

评分项目		分值	实际所得分值
操作层面	操作性强	20	
	外形美观、制作精致	20	
	废物利用	15	
	功能多	15	
合计		100	

模拟实训 3：大班玩教具制作

科学活动玩教具新奇、有趣，能够激发幼儿探索科学的积极性。幼儿的科学教育是科学启蒙教育，能够激发幼儿的认知兴趣和探索欲望，帮助幼儿学习运用观察、比较、分析、推理等方法进行探索活动。大班幼儿能探索并发现常见的物理现象产生的条件或影响因素，如影子、沉浮等。教师应给幼儿提供丰富的材料和适宜的工具，支持幼儿在游戏过程中探索并感知常见物质、材料的特性和物体的结构特点。这类玩教具多种多样，材料也非常丰富，一张卡片、一根绳子在科学活动中都会起到很大的辅助作用，帮助幼儿在科学探索和现实生活之间建立初步的联系，从而使幼儿体会到科学就在身边，探索无处不在。

请围绕“力的平衡”这一科学现象设计相应的玩教具，激发幼儿进行科学探索的欲望，帮助教师引导幼儿运用感官，亲自动手、动脑去发现问题并解决问题，体验发现的乐趣，理解科学知识的来源。

【实训目标】

1) 培养学生综合使用多种材料的动手能力和创造力。

2) 增加学生对大班科学活动目标的理解力。

3) 提高学生对科学领域玩教具的认识和使用能力。

【实训要求】

1) 学生应围绕活动主题并根据幼儿的年龄特点，选择合适的教具制作材料和方法。

2) 利用多种材料，设计并制作出大班幼儿科学活动玩教具。

3) 要求写出设计思路与玩教具的几种具体玩法。

【实训考核】

实训结束后，教师根据表6-4所示的评分标准对学生作品进行评分。

表6-4 评分标准

评分项目		分值	实际所得分值
设计层面	符合班级年龄特征	10	
	服务于目标	20	

(续表)

评分项目		分值	实际所得分值
操作层面	操作性强	20	
	外形美观、制作精致	20	
	废物利用	15	
	功能多	15	
合计		100	

课后练习

1. 请结合实例，分析自制玩教具如何做到生动有趣、简单实用。
2. 为什么幼儿园自制玩教具要让幼儿参与？如何参与？
3. 简述幼儿园自制玩教具的基本原则。

【幼儿教资考点聚焦】

- 幼儿园玩教具制作
  - 玩教具的分类
    - 按功能分
      - 表征性玩教具
      - 教育性玩教具
      - 建构性玩教具
      - 运动性玩教具
    - 按玩具课题性质分
      - 动作技能型玩教具
      - 智力技能型玩教具
      - 创造性玩教具
    - 按结构化程度分
      - 专门化玩教具
      - 非专门化玩教具
  - 幼儿园自制玩教具的原则
    - 文化传承性原则
    - 科学性与教育性原则
    - 艺术性与可玩性原则
    - 经济性与可持续发展原则
    - 创新性原则
    - 安全性原则
  - 教师对玩教具玩法指导
    - 把握教育功能，突出关键经验
    - 敏锐觉察到幼儿的需要
    - 及时总结提升
  - 幼儿园玩教具的利用
    - 应根据幼儿年龄特点提供适宜的玩教具
    - 投放玩教具和游戏材料时充分考虑数量、种类及搭配
    - 对幼儿进行玩教具玩法指导
    - 注重玩教具教育意义的开发及玩法的效果评价

【往年教资真题再现】

1. 一项国际性的调查研究发现，世界各国儿童最喜欢玩的东西是“沙”，这主要是因为（　　）。

A. 沙是最便宜的东西　　B. 沙是最容易得到的东西

C. 沙是相对比较安全的自然物质　　D. 沙最能满足孩子创造的需要

2. 从生活中选择幼儿感兴趣的事物和问题作为教学内容的主要原因是（　　）。

A. 教师容易制作教具　　B. 便于教师教

C. 符合家长的希望　　D. 符合幼儿的学习特点

3. 面试——试讲

手工“飞机”

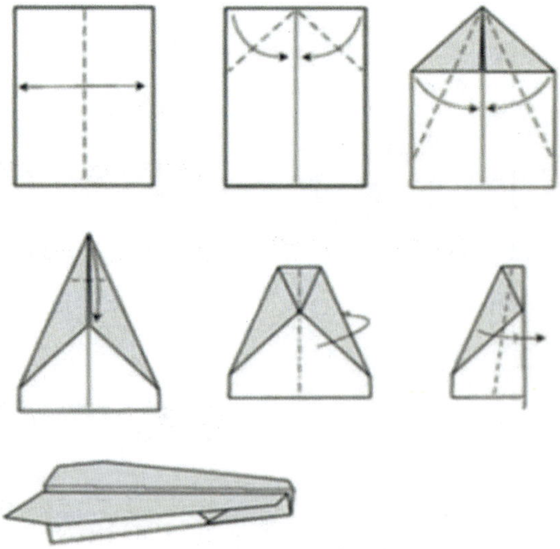

基本要求：

(1) 按图示步骤正确教小朋友折叠“飞机”。

(2) 回答问题：

① 该内容适合什么年龄段的幼儿学习？

② 如何利用手工“飞机”引导幼儿开展其他活动？

请在10分钟内完成上述两项任务。

4. 面试——结构化面试

有的老师认为，自制玩教具很麻烦且浪费时间。对此，你怎么看？

【教资真题再现答案汇总】

1. D　　2. D

3. 参考答案

中班折纸活动“飞机”

● 活动目标

认知目标：感知不同飞机的外形特征，知道飞机的折纸步骤。

技能目标：掌握集中折、反折的技巧，根据图示步骤在教师的指导下动手折飞机。

情感目标：喜欢参加折纸活动，体验自己动手操作的喜悦。

● 活动重难点

活动重点：在教师指导下动手折叠纸飞机，体会手工制作的乐趣。

活动难点：能够掌握集中折、反折的技巧。

● 活动准备

物质准备：彩色手工纸、彩笔等。

经验准备：幼儿知道飞机的实际形象。

● 活动过程

㊀ 活动导入——谜语导入

教师出示谜语，激发幼儿兴趣，通过谜底引出本次活动的主题。

谜语：不是蜻蜓不是鸟，穿云破雾上蓝天，万里行程一日到。（谜底：飞机）

㊁ 活动展开

➢ 教师出示飞机的各种图片，引导幼儿观察并说出飞机的外形特征。

(1) 教师提问，幼儿讨论并交流自己见过的飞机的特征。

师：大家见到的飞机是什么颜色、什么样子的，谁可以分享一下？开动脑筋想一想，飞机长得像什么动物？

(2) 教师出示飞机的图片，引导幼儿观察飞机的体积、颜色、形状及构造。

教师小结：飞机是根据小鸟的大翅膀演化而来的，由机翼、机身、尾翼、起落装置以及动力装置五大部分组成。飞机作为现代交通工具，和我们的生活密切相关，大大节省了人们出行的时间，给我们的生活带来了方便。

➢ 教师出示纸飞机，请幼儿观察、探索折纸的步骤，并进行总结。

(1) 教师出示折好的飞机成品，请幼儿分小组拆分并讨论，探索折纸的步骤。

师：请小朋友们四个人为一组，把自己拿到的小飞机拆开，看一看纸飞机是怎么折成的。

(2) 教师小结，出示步骤图并进行示范。

① 对折：将长方形两个较长的边沿中间线对折。

② 集中折：长方形相邻的两边依虚线向对角线折。

③ 反折：三角形两边沿虚线反折。

师：我们先让这张长方形纸最长的两边重合压平，然后展开，将上面的左右两个角对着中心线向内折，折好后再对折一次。将尖尖的飞机头向下折叠，使它变成一座小山的样子。背靠背折叠。最后一步，两边分别向外折叠，做出机翼。这样，一架漂亮的飞机就做好啦。

➢ 教师分发材料，幼儿动手制作纸飞机。

(1) 教师分发彩纸并巡回指导，幼儿尝试看图动手折叠纸飞机。

(2) 幼儿展示并介绍自己的作品。

㋁ 活动结束

教师组织幼儿进行“谁是小小飞行员”的比赛。

游戏规则：教师带领幼儿来到户外，将幼儿分成两组，一字排开，播放歌曲《小飞机》，看谁的飞机飞得又远又平稳。

● 活动延伸

延伸至家庭：请小朋友们回去教自己的爸爸妈妈折一架飞机。

4. 参考答案

(1) 提出观点。自制玩教具是每个幼儿教师的一项基本功。作为幼儿教师，为了更好地给孩子启蒙和激励，必须掌握做玩教具的技能，并用心去设计和制作。

(2) 分析论述。第一，原因分析。有的教师认为做玩教具很麻烦且浪费时间，这不仅说明教师没有认识到自制玩教具在幼儿教育中的重要性，还体现出教师在自制玩教具方面业务技能薄弱，基本功不扎实。第二，意义分析。一是玩教具可以运用于保育当中；二是可以培养孩子热爱自然、珍惜资源、关心和保护环境的意识；三是可以培养幼儿的动手能力、创造能力、发散性思维和合作精神，将对他们今后的发展产生深远影响。

(3) 落实解决。为了更好地让玩教具在幼儿教育中发挥作用，幼儿教师要从以下几方面努力：第一，加强业务学习，提高对玩教具制作的认识。教师应认识到自制玩教具对幼儿的发展有着独特的价值。自制玩教具与商品玩具相比，具有及时性、针对性、灵活性、感染性等独特的价值与特点。第二，根据教学所需制作玩教具。在保教实践中，应有针对性地设计玩教具，明确每个玩教具学习的内容和发展目标。同时，开展自制玩教具展示活动，促进教师自制玩教具能力的发展。

参考文献

[1] 黄胜梅. 幼儿园玩教具与手工制作 [M]. 武汉：武汉大学出版社，2016.

[2] 南楠，宋丽，郑亚锋. 玩教具制作 [M]. 西安：西北大学出版社，2016.

[3] 何洁，陈鹤琴. 儿童玩具思想研究 [D]. 南京：南京师范大学，2015.

[4] 刘焱. 幼儿园自制玩教具活动的意义、指导思想和评价标准 [J]. 学前教育研究，2007(9)：7.

[5] 李贞. 幼儿园环境创设 [M]. 江苏：江苏大学出版社，2019.

[6] 成燕，杜鹃，孟玥. 幼儿园环境创设 [M]. 湖南：湖南师范大学出版社，2021.

[7] 金晓梅. 幼儿园环境创设 [M]. 北京：北京理工大学出版社，2018.

[8] 杨枫. 幼儿园教育环境创设与玩教具制作 [M]. 北京：高等教育出版社，2021.

[9] 胡朝阳. 幼儿园环境创设 [M]. 北京：北京理工大学出版社，2020.

[10] 赵娟，靳林，李敏. 幼儿园教育环境创设与玩教具制作 [M]. 北京：北京师范大学出版社，2017.